壽司物語

內行人才知道的壽司美味與文化

すし物語

宮尾重男（宮尾しげを）

王華懋——譯

目次

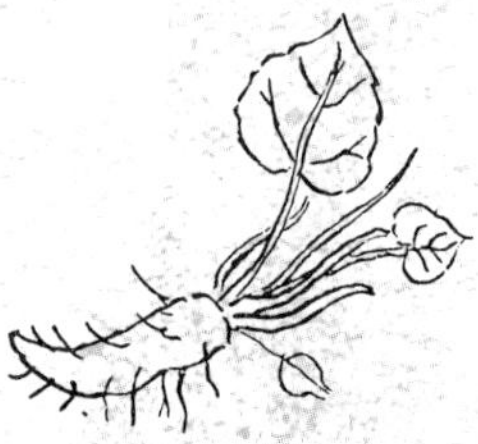

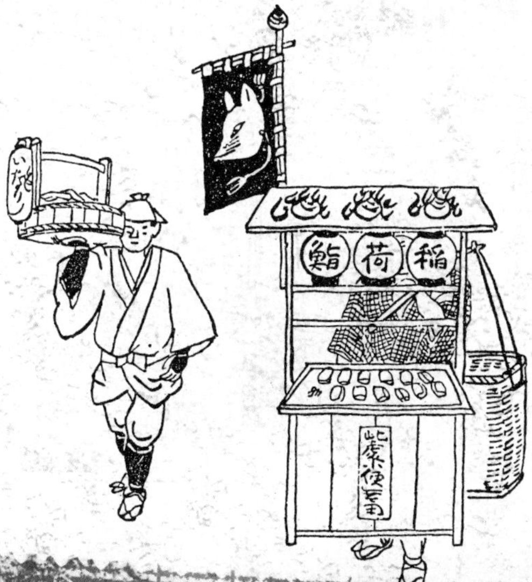
稲荷鮨

壽司的吃法

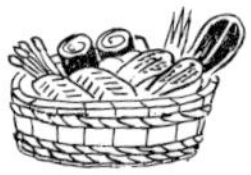

要怎麼吃壽司，隨心所欲，從任何一樣開始吃起都行。就如同大可以先看電影再欣賞歌舞伎，並無好壞可言。從前認為要鑑定一家壽司店，必須先從醋醃的魚料吃起，比方說鯽魚、竹筴魚，接著吃醬煮的魚料，如星鰻（穴子）、蝦蛄，最後再吃玉子燒（煎蛋）、海苔卷這些會影響壽司風味的品項，只要依這樣的順序品嚐，即可看出這家店的水準。如果魚料處理得好，米飯也不可能差到哪去，見微知著，可見得各個環節皆悉心處理。

不過人各有好惡，並無規定說絕不可從哪一樣開始吃起，只是有一套禮儀而已。坐到「付台」[1]前，從置於台上的握壽司中，用兩根手指拿起靠近自己的這一個，若尺寸較大，就再輕輕添上中指。以這樣的感覺拿好壽司向左傾，讓魚料的一側稍微蘸上備好的醬油。米飯儘量不要碰到醬油。若是蘸太多醬油，就會變成醬油泡握壽司，有損風味。不過現在認為，米飯稍微蘸到醬油後，會掉落一、兩粒米的鬆緊度，是最為恰到好處的捏壽司功夫。

將蘸上醬油的壽司橫倒，令舌頭同時接觸魚料及米飯，一股作氣推入口中。有些饕客認為讓魚料墊底，才能品嚐到魚料的新鮮度，但那是個人的見解，大錯特錯。讓舌頭第一時間同時品嚐到魚料的甘甜與米飯的美味，才能品嚐壽司的醍醐味。

許多女客會在付台前使用筷子食用。用筷子的話，就失去坐在付台前享用的意義了。若是因為嫌自己的手髒，也只能說是教人同情。其中也有人用筷子單單挾起魚料蘸醬油，再放回白飯上夾起來吃，這種吃法會毀了唯有白飯與魚料結合才能醞釀出來的滋味，讓壽司師傅看了掉眼淚。有些人會要求師傅把壽司切成兩半，這也有損風味，最好避免。近年的壽司尺寸不大，不必擔心一口吃不下，但為了故作高雅，小口慢食，就要求師傅把壽司切小，是極要不得的行為。

星鰻及蝦蛄這類壽司，塗抹了熬煮醬油而成的濃稠「詰醬」（ツメ），有人主張若是把魚料墊底食用，味覺會被那種甜味占據，所以應該稍微打斜，使魚料和米飯同時接觸舌頭食用才好，但也有人認為還是應該讓魚料墊底。這也是看各人自由。還有人會把星鰻和蝦蛄這類燉煮過的魚料又拿去蘸醬油。這或許是出於慣性，但相當不可取。有些講究的人會要求星鰻要先炙烤過，但這也是個人喜好，炙烤不僅可以增添香氣，肉質也會變軟，口感更佳。總而言之，壽司的首要條件是避免減損食材的風味，品嚐它的美味。基於上述的理由，最好不要讓壽司在付台上擱置太久，也不要還沒吃完就急著點下一種。不過有些冒牌料理師會在顧客品嚐時催促似地詢問：「下一個要點什麼？」教人咋舌。壽司

譯注1：在壽司店的吧台上，用來盛放捏好的壽司給客人的木台子就是付台。

就應該好整以暇地慢慢享用，否則是無法令人感動的。

在壽司店，醬油叫做「紫」（むらさき）。這是所謂的「女言葉」，也叫「御所言葉」或「御殿言葉」，有人說是避諱醬油（しょうゆ）中的「し」音（音同「死」），也有人說講醬油聽起來太正經八百，所以從它的顏色，衍生出「紫」這個行話來。「紫」聽起來比較柔軟，呈現出女性的溫和感，但也不是說就不能講「醬油」。也有些人裝模作樣地稱其為「御紫」（おむら），這樣說也沒什麼不可以，只要能達到讓對方拿出醬油來的目的就行了。

近來有些壽司店，端出醬油時會順便灑上化學調味料。但除非使用的醬油太廉價，否則這種額外服務根本不必要。堂堂一家壽司店，如果使用太便宜的壽司醬油，有可能毀了壽司的生命，形同致命傷。

或是有一些店，會用小到不行的小碟子盛裝少許幾滴醬油端出來。或許用的是高級醬油，故不肯多倒，但如此寒酸行徑，簡直教人不忍卒睹。如果任憑客人自行取用，或許會有人倒太多，可能就是要防堵這種行為，但還是不該小裡小氣，而是適當、不浪費地提供才對。

有一次在關西吃握壽司，因為沒看到醬油，我催了一下，結果師傅說：「醬油我們會刷，所以不提供。」原來如此，這裡的壽司是用刷子刷上醬油後再放上付台的。如此一來，雖然不會浪費醬油，但實在有些沒意思。

有一回，我在熊本深夜光顧一家壽司攤，短簾上寫著「江戶前」，沒想到米飯毫無醋味，似乎是用一般的白米飯握的，因此我自言自語喃喃道：「這怎麼一點醋味都沒有？」沒想到捏壽司的師傅耳尖，應道：「開什麼玩笑，加醋會毀掉肥後米[2]的美味好嗎？」我不甘示弱地說：「既然如此，你就不該打出江戶前壽司的招牌。別看我這樣，我可是壽司正宗產地江戶出生、自小吃壽司長大的『江戶子』！」一旁的客人聽到，冷不防站起來捲起袖子說：「江戶子個屁！別以為江戶子就可以囂張，江戶人灑醋是因為那裡的米太難吃，你是故意跑來壽司米產地肥後，來找肥後米的碴嗎?!」我嚇壞了，匆匆扔下飯錢，逃之夭夭。事後我才想到，我是屬虎的，那裡可是加藤清正[3]的地盤，老虎本來就打不過清正。

儘管對肥後人過意不去，但肥後米做為一般的食用米，或許是十分甘甜的好米，不過就這樣直接拿來做壽司，還是教人不敢恭維。如果拿去做大阪壽司，應該頗為契合。對關東人來說，肥後米比起拿來做壽司，還是直接煮成白米飯，搭配美味的配菜食用比較好。古時有首川柳[4]說：

蛇目壽司　要你品嚐自傲的肥後米[5]

譯注2：肥後國為日本舊時律令制的行政區之一，相當於現今的熊本縣。

譯注3：加藤清正（一五六二～一六一一），安土桃山時代的武將，肥後熊本藩第一代藩主。據傳慶長之役時，有食人虎在清正的陣營附近出沒，清正親自出馬，以一把長槍殺死了猛虎。

譯注4：川柳是一種十七音的短詩，為江戶中期開始流行的口語詩。

譯注5：「蛇目」即大小兩個同心圓的紋樣。肥後熊本藩藩主加藤清正的旗印即為「蛇目」。

這是一首出於想像的創作，但沒想到居然應驗，古人的眼力——不，想像力教人五體投地。

隔天我光顧據說是熊本知名的壽司店，這裡的壽司飯也毫無醋味，然而招牌卻標榜「江戶前　東京壽司」，所以我問：「為什麼熊本的壽司飯都不用醋？」老闆解釋：「我們用的是肥後米，為了保留米飯的滋味，當地向來都不加醋。肥後米非常甜美，當地人特別尊重米本身的滋味。我是東京來的，一開始照著東京的做法，在飯裡頭加醋，沒想到客人抗議這麼難吃的壽司無法入口，再也不上門了。我很驚訝，去其他壽司店觀摩研究，才發現當地的祕傳是不依照東京的方式用醋。為了尊重客人，我們店裡的米飯也都不加醋。」我這才瞭解前晚的壽司味道也是這個緣故。雖說入鄉隨俗，但甜米飯的壽司，實在教人不敢領教。

戰爭時期，有人說要請我吃壽司，我開心地前往一看，發現因為沒有米，端出來的竟是用豆腐渣取代米飯做成的壽司，驚訝極了。當時物資匱乏，我覺得聊勝於無，所以還是吃了，但如今回想，那簡直是惡夢般的壽司。

如此這般，壽司最好的品嚐方法，就是隨各人喜好食用。

何謂壽司

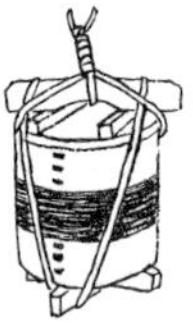

壽司究竟指的是什麼？我們翻開料理辭典「す」[1]的部分來看看。

鮨[2] 壽司，即醋飯中加入發酵後的魚介類或燉煮的蔬菜而成之物。不予加工者稱「散壽司」，盛入木盒壓實切開者稱「押壽司」，捏成圓糰狀者稱「握壽司」。壽司使用的米飯，與一般米飯大為不同，煮時水量較少，飯熟後悶蒸的時間更短，煮好後迅速盛入木缽等容器，一邊把醋淋過飯杓，一邊均勻環灑在熱飯上（一・八〇三公升〔一升〕的米，拌入〇・一八〇公升〔一合〕的醋，加入一小酒盞的鹽，事先混合備用），然後一面以飯杓攪拌，一面以團扇搧涼，待米飯完全涼透，便可取用製作壽司。若搧風不足，米飯水分過多，會減損風味，且無光澤。壽司料依季節不同，春季主要為銀魚、比目魚、針魚、鰆魚（日本馬加鰆）、鱒魚、小鯛、星鰻、魚鬆等；夏季則以車海老（車蝦）、鮑魚、沙鮻、竹筴魚等為主；秋季以鯖魚、香魚、鯽魚等為主；冬季則以赤貝、墨魚、鳥蛤、海苔、玉子（雞蛋）為主。不過海苔卷、玉子卷一年四季皆宜。

製法與現今大同小異，但現在一切物品皆已異於過往，因此容器等等也出現了變化。此外，對於壽司料，現在已累積了不少研究，不像辭典引文只是粗略分類，而是徹底鑽研，以求發揮最大的美味。右文的項目中並列舉了壽司的種類。

散壽司（ちらし） 也叫「五目壽司」。壽司飯盛入木缽等，摻入部分已備置的壽司料拌勻，盛到盤子上，再將壽司料擺飾其上，並將炙烤後的乾海苔揉碎灑上。壽司料可使用魚類、蔬菜、乾貨等，任何食材皆宜。壽司料的調理方式各異，一般做法是，乾貨類如香菇、黑木耳、干瓢（瓠瓜乾）、凍蒟蒻、豆皮等應先煮過。蔬菜類中，土當歸、蓮藕應先醋醃或煮過，鴨兒芹、紅蘿蔔、牛蒡、慈姑應先煮過。魚類可生食，或製成魚鬆；雞蛋應煎好，切成薄細長條，或做成煎蛋（近年多以凍豆腐取代凍蒟蒻）。

譯注1：壽司的日文為「すし」。
譯注2：漢字為「鮨」，但讀音一樣為「すし」。「壽司」還有其他的漢字寫法，如「鮓」、「寿司」、「寿し」等等。

握壽司（にぎりずし） 將壽司飯捏成恰到好處的糰狀，切片後的魚肉直接使用或煮過、醋醃，或是將煎蛋置於捏好的飯糰上製成。器皿鋪以熊笹竹葉等，握壽司與卷壽司組合搭配，擺盤精美為佳。另，壽司皆應附上生薑。薑應切成薄片，或切絲泡水後在醋鹽中醃漬，擠去醋水後使用。魚肉的調理方式很多，鯛魚及鮪魚使用生的，魚肉與壽司飯之間放入少許山葵泥，蘸上醬油食用。鯽魚、針魚、沙鮻、赤貝等醋醃，墨魚、章魚、鮑魚等燉煮，於肉上塗抹醬汁（在醬油加入砂糖或味醂及少許溶入水中的葛粉熬煮而成），煎蛋則切成薄長方形。

這是很粗淺的說明。雖然稍嫌不足，似乎顯得不夠十全十美，但或許這樣也夠了。

卷壽司（まきずし） 炙烤乾海苔，或將雞蛋煎成薄片，置於竹簾上，手沾醋水，將壽司飯均勻壓鋪於竹簾上，中心放置三、四條煮干瓢後，隨著竹簾向前拉動而捲起，自邊緣開始，切成約一・二至一・五公分（四、五分）[3]厚度。切時菜刀沾醋，即可避免米飯沾黏。

稻荷壽司（いなりずし） 將油炸豆腐調味煮過，對切一半，用菜刀從切口切開內部，留下三邊，將五目壽司填入內裡，再以煮過的干瓢束口。此種壽司原為粗食，因此各種食材皆可使用，如昆布絲、紅蘿蔔、蓮藕、豆腐皮、牛蒡等等，皆應切成細絲，熬煮成濃重口味。

押壽司（おしずし） 製作押壽司需要特殊的工具。要放入壽司盒的板子表面沾上醋水，以免飯粒沾黏，首先放入一片板子，其上盛入約四・五公分（一寸五分）[4]厚的壽司飯，再將料恰當地鋪置於飯上，然後放入板子壓緊，接著再盛上壽司飯，如同一開始那樣鋪置材料，最後蓋上蓋子，輕輕壓上重石，經過一段時間即可食用。福島縣伊南川的名產「鱒魚自然壽司」（鱒のじねんずし），是將鱒魚肉切成適當大小，上好白米煮好後以水沖洗，放入壽司桶，再將鱒魚肉置於其上，灑鹽，再放入米飯、魚肉，如此層層堆疊，蓋好後壓上重石，經數日之後食用。

押壽司和大阪壽司是同一種東西，現在製作時已不再放置重石。伊南川的鱒魚壽司，現今也不如往昔知名了。

下一章，我們將從可考的文獻記載，來看看這樣的「壽司」是從何時出現的。

譯注3：「分」為日本舊時尺貫法長度單位，一分為三公厘。
譯注4：「寸」為日本舊時尺貫法長度單位，一寸為十分，約三公分。

壽司的歷史

距今約一五〇〇年以上，中國有兩部書籍《酉陽雜俎》、《山堂肆考》，其中記載安祿山獲唐玄宗賞賜「野豬鮓」[1]。這篇文章出現在日本開始製作壽司之前，因此中國的壽司，歷史要更久遠。日本的壽司歷史沒有明確的文獻紀錄，但距今一二〇〇年前的持統三年（西元六八九年）的《賦役令》中，出現「雜鮓」、「鰒鮓」、「鮎貝鮓」等文字，被視為日本提到壽司最早的文獻。

這個時代的壽司，是鹽醃魚類或貝類，經過長時間重壓，使其自然發酵，醞釀出熟成的酸味。這就是「酸シ」（音同「壽司」）這個名稱的起源。據說在這個時代，這個詞也指沒有飯的鮓魚，似乎是廣受喜愛的常民飲食。

從藤原時代[2]一直到足利時代[3]尾聲，似乎都還有這種壽司。有種說法，認為這是在魚腹裡填入糙米，壓製熟成，或是把魚放入飯裡，使其熟成。在這個時代，米飯尚未普及。

文獻顯示，到了德川時代[4]，白米飯才使用在熟成魚肉上。在過去，「壽司」最起碼也得花上兩、三個月才能製成，但這時發明出新的方法，在魚肉灑上鹽巴，壓上一晚，隔天抹除水分，和煮熟冷卻的精米飯一同放入桶中，壓上重石，待味道熟成即可食用。使用這種方法，五、六天即可完成。這種方法到了慶長時代[5]又更進步一些，製作日數大幅縮短，逐漸演變成「早壽司」（早ずし）或「一夜壽司」（一夜ずし）等形式。在當時，這種壽司稱為「飯壽司」（飯ずし）。

早壽司是魚肉去骨後，米飯趁熱塞入魚肚放進木盒，壓上重石，放置一晚後食用。亦即在先前的方法加上「熱度」這個要素，使其發酵。這是所謂的「熟壽司」（馴れずし、熟れずし）。

人們發現，此種熟壽司自然發酵的酸味具有殺菌力，便想出直接用醋來混合米飯，防止兵糧米腐敗的方法。酸味也具有解渴的作用，最適合用來保存隨身米糧。據說這便是上方[6]式壽司的嚆矢。

也有這樣的傳說：有的說是讚岐（現在的香川縣），有的說是淡路（現在的兵庫縣淡路島），住著一對老夫婦，因為自家附近有「鶚」（魚鷹）築了巢，他們便把剩飯放入鳥巢，想要餵食雛鳥。但鶚不吃米飯，而是從海裡捕魚，叼到巢裡貯藏起來。老夫婦不知道這種鳥的習性，送飯去鳥巢的時候，發現巢裡有許多魚，以為是鳥在報恩，便把魚帶回去品嚐，結果發現滋味獨特，美味無比。因此

譯注1：原文書寫「玄豬鮓」，但查《酉陽雜俎》中原文為「野豬鮓」，《山堂肆考》原文則為「酉陽雜俎安祿山恩寵莫比其所賜品目有野豬鮓」，皆未見「玄豬鮓」，故改為「野豬鮓」。

譯注2：藤原時代指日本史中，平安時代八九四年廢除遣唐使後的三個世紀，主要由藤原氏執政。

譯注3：即室町時代（一三三六年～一五七三年），由足利尊氏建立的室町幕府掌權。

譯注4：即江戶時代（一六〇三年～一八六八年），德川家康建立的德川幕府時代。

譯注5：慶長為日本的年號，一五九六至一六一五年。

譯注6：上方，即京都一帶，泛指京阪地區或近畿地區。

兩人研究了一番，發現是先前放入的米飯和魚肉發酵結合而成的滋味，遂想到了結合米飯與鮮魚的美食。據傳這便是壽司的起源。

不少壽司店因為這樣的傳說，將店號取做「鶚」。亞洲各國大部分都是米食，卻只有日本一地有醋飯，因此鶚起源的說法或許頗具真實性。實際上，鶚確實有將魚叼回鳥巢的習性。許多人以為鶚是水鳥，但其實牠是一種鷹類，一般棲息在多岩的海濱，發現水面有魚，便會急速俯衝捕食。鶚通常築巢在岩石或樹木之間，或是泥土地上，但巧奪天工，甚至顧及了通風及冷藏，牠們天性知道如何防止鮮魚腐敗。人類從鶚的巢取走魚的時候，如果拿走上層的魚，鶚就再也不會叼魚回來；但若是取走下層的魚，留下上層的魚，鶚就會繼續叼魚回巢。

壽司開始變成今日的形態，據說是因為德川家康取得天下以後，主要在駿河（靜岡縣）、三河（愛知縣岡崎地方）等家康勢力範圍的東海地方，當時有著和今天的「稻荷壽司」及「卷壽司」形態幾乎相同的壽司，由於方便旅人攜帶，是很受珍視的糧食。這些食物隨著驛站傳播開來，家康定居於江戶之後，亦傳入江戶，開始在庶民之間廣為普及。這是元祿[7]末期的事。當時還沒有江戶風的握壽司，大部分都是「卷壽司」。

就像前面所說，壽司一開始寫成「酸シ」，專家說開始使用醋之後，就寫成「酢子」或「酢司」。「壽司」、「鮨」、「鮓」都是後世創作的借字。根據狩谷棭齋的學說，壽司最早並非加醋製作，因此「鮨」字最為貼切。他並提出例證，說《和名抄》[8]的飯食部使用的詞彙便是「鮨、須之」

（音皆同「壽司」（すし））。

但大阪學藝大學的篠田統理學博士認為，「鮓」和「鮨」都是中國從一七〇〇年以前便已使用的文字，若問哪個字才正確，「鮓」是魚米結合而成的熟鮓（熟壽司），「鮨」是魚鹽結合而成的鹽醃製品，原本是不同的東西，但是到了後漢中期，兩者混同，「鮓」、「鮨」不分了。

在更早的中國古籍中，魚字旁加上差字的「鮺」，以及魚字旁加上今字的「魿」，指的也是壽司，後漢中期的許慎整理的《說文解字》（亦名《說文》）中明確提到：

南方謂之魿，北方謂之鮺。

其他書籍則明確寫道：

鮓，鮺之略字。

譯注**7**：日本江戶時代年號，一六八八年至一七〇四年。

編按**8**：全名為《和名類聚抄》，是平安時代中期編製而成的百科事典。

那麼，「鮭」是最古的字嗎？《古事類苑》提到，在「鮭」之前，還有差字下加魚的「鮺」，以及魚字旁加岑的「鯵」字。

因此出現的順序是這樣的：

鮺——鯵——鮭——鮗——鮓——鮨

劉熙的《釋名》說：

鮓，菹也。以鹽米釀魚為菹。熟而食之也。

可以看出這說的就是熟壽司。

至於「鮨」，本以為這是日本漢字，但其實不然，其由來極古，《爾雅》說：

肉謂之羹，魚謂之鮨。

因此就和肉製成的鹽醃製品一樣，以魚肉製作的就叫做「鮓」。許慎的《說文解字》：「鮨，魚脂醬也。」由此可知，鮓和鮨都是鹽醃製品。

「鮨」是古代就有的料理，為一種鹽醃製品，切碎魚肉後加入鹽巴壓製而成。「鮓」據說最早在前漢晚期（西元前二〇二年～西元八年）、最晚於後漢（西元二十五年～二二〇年）便出現在中國一般平民的餐桌上。由此可以看出，這是利用米飯發酵時的乳酸使蛋白質變性而成的熟壽司。

在中國，「鮓」與「鮨」早在一七〇〇年以前便已開始混同，因此在日本會被視為同一樣東西，對於勤加吸收中國文化的我國來說，一點都不奇怪。

根據篠田老師的研究發表，壽司並不是一種中國的烹飪方式，而是前漢末期到後漢時期，中國在南方發展時，來自南方的魚米加工法，特別是在三國時期，這種料理方法普及到北方。到了南北朝時代（西元四三九年～五八九年），大批中原文人遷徙江南地方，開始大量吸收當地的飲食文化。

這個時代的鮓，宜於春秋兩季製作，冬夏不宜。製法如下：

新鯉去鱗切片，形狀為長六公分（二寸）、厚一．五公分（五分），每片皆帶皮。仔細沖洗去血水，盛盤，灑鹽放入竹籠，放置平石，壓除水分。待水分全部壓出，烘烤一片試嚐鹹味。煮白飯，與紫蘇籽、柑橘皮及好酒充分混合，填入甕中，再依魚、飯、魚、飯的次序疊至甕口。此時魚肉朝上，魚皮朝下。頂部充分覆蓋米飯，鋪上竹皮，以竹片縱橫壓平，置於屋內。過程中會溢出紅色汁液，任其流出，待汁液轉為酸白，表示熟成，可取出食用。食用時若使用菜刀等鐵器，會沾染腥味，故需以手撕。

這是中國的鮓，主要材料為鯉魚。中國南北統一後，許多人回歸中原，仍忘不了這種鮓的美味，因此逐漸傳播開來。後來歷經種種變遷，五代戰亂，進入北宋時期，儘管朝廷紛爭不斷，但人民謳歌太平盛世，於徽宗時代極盡繁華。當時有許多種鮓，出現了魚鮓、黃雀鮓、紅蘿蔔鮓等等。製法也有了變化，魚鮓是將一片魚灑上三七．五公克（一〇匁）[9]的鹽巴放置片刻，洗淨拭乾，以布包裹後用重石壓住，再將煮沸的油十八．七五公克（五匁）、生薑或柑橘皮細絲十八．七五公克（五匁）、鹽三．七五公克（一匁）、蔥花十八．七五公克（五匁）、酒一大盞（三十五公克）、米飯〇．一八〇公升（一合）混合後放入瓶內，泥封靜置十日，過程中米飯會逐漸減少，酒會發酵，酢酸變多，成品比傳統的鮓熟成度更淺一些。

這種形式的鮓一直延續到元代（一二七九年左右），出現了披綿鮓、魚兔醬（醬油醃魚）、紅蛤蜊醬（染紅的醬油醃蛤蜊）等食品種類。

明代（一三七六年左右）沒什麼鮓的文獻紀錄。這是因為北方草原民族蒙古人征服了中國，把鮓也給征服了。後來滿族再度壓制中國，把鮓從中國驅逐了出去。但南方現今仍保留了鮓，據說在北京一帶，還有人在製作「散鮓」（ちらし鮓）。當然，這與日本的散壽司是不同的東西。

如此一來，鮓在中國的歷史就逐漸明朗了。不過在日本，「熟壽司」的時代持續了很久，飯和魚一起食用，要到進入德川時代很久以後的延寶時期（一六七三年～一六八〇年），據說是住在江戶四谷的醫師松本善甫所發明的。《難波江》這部隨筆（岡本保孝著）的卷四．十八〈鮓〉中提到：

現今江戶之鮓，為延寶時醫師松本善甫所新製（其家後來滅絕，近年重返仕途，官俸百俵），世稱「松本鮓」。彥根之鯽鮓、尾州之香魚鮓，為魚飯混合，經五、六日食用，吉野一帶則以粟飯製之，需時二、三月之久。此類鮓無法即製即食，故向商家購買時，曰幾日後再取，故名「再來壽司」（オヂヤレズシ），而松本鮓即製即食，故名「稍待壽司」（マチャレズシ），或名「早鮓」。原本壽司如同上述，僅需將飯魚混合放置，數日之後自然形成酸味，非加酢製成，故「鮓」字較「鮨」字適宜，觀字典而知之。

由此段文字可以知道，過去的「一夜壽司」變成了「即食壽司」。從前購買壽司，商家會說還沒有熟成，請某日某時「再來」；但因為醫生善甫發明了新製法，從此變成了「請稍待，立刻就好」。看來比起醫道，松本善甫在壽司道上更有成就。《沙石集》卷七之十一〈無情俗事〉中寫道：

捕三十大香魚歸，少許煮食，餘製鮨存。

譯注9：匁為日本舊時尺貫法的重量單位，一匁為三・七五公克。

岡本保孝說，這應該也是善甫說的「稍待壽司」一類。

正德年間（一七一一年～一七一六年）出版的寺島良安著《和漢三才圖會》，這部插圖百科辭典中提到的食物也和松本鮓一樣，是將魚以鹽巴壓上一晚，再用冷飯像酒粕一樣加以醃漬，春冬約四、五日，夏秋約一、二日即熟成。這只是讓米飯發酵，使肉略帶酸味，當然米飯也可食用。

接下來過了約十年的貞享時期，江戶出現了壽司店，當時出版的藤田理兵衛著《江戶鹿子》（貞享四年，一六八七年），在〈鮓及食壽司〉一項中提到兩家壽司店：

四谷舟町横町　近江屋

同　地　駿河屋

僅列出發明者松本善甫居住的四谷一地的兩家壽司店，感覺與善甫關係匪淺。

從貞享年間（一六八四年～一六八八年）至寬延年間（一七四八年～一七五一年）這六十年左右，找不到壽司的相關文獻。到了寬延年間，《江戶總鹿子大全》這本書中，提到除了上述兩家店以外的壽司店名：

深川富吉町　深川鮓　深川屋
日本橋本石町　伊勢屋

這家伊勢屋的招牌標榜「交鮓、早漬、切漬，應有盡有」。

安永六年（一七七七年）初的見笑著《土地萬兩》一書裡，除了前述的深川鮓以外，另提到三家店的名字：

日本橋品川町　笹卷鮓
京橋中橋　阿滿鮓　紀伊國屋

這個時代，江戶已經有握壽司和卷壽司了。在關西，仍舊是押壽司和散壽司的天下。天明七年（一七八七年）的《七十五日》及《江戶町中喰物重法記》這些介紹餐飲店的書籍裡，提到二十多家壽司店的店名：

銀座　長門鮓　鎌倉屋
淺草　阿滿鮓（おまん鮓）　分號

新吉原		太田屋
新吉原	金團鮓（きんとん鮓）	萬屋
日本橋	笹巻鮓	西村屋
日本橋	釣瓶鮓	吉野屋
日本橋	寢覺鮓（ねさめ鮓）	美濃屋
日本橋	阿滿鮓（お滿鮓）	紀伊國屋
日本橋	拔毛鮓（けぬき鮓）	笹屋
日本橋	一夜鮓・笹巻鮓	伊豆屋
神田	吉野鮓	吉野屋
赤坂		吉野屋
芝		龜屋
市谷	吾妻鮓（あづま鮓）	海老屋
元飯田町		美濃屋
湯島	若葉鮓	鈴木
葺屋町	初音鮓	丹波屋
人形町	錦鮓（にしき鮓）・阿滿鮓（おまん鮓）	六右衛門

村松町	翁壽司	西村屋
赤坂田町	小判鮓・菖蒲鮓（あやめ鮓）	桑田屋
下谷	苔笹巻鮓（こけ笹巻鮓）	敷嶋屋
中橋	地引鮓	ゑとやす兵衛
横山町	釣瓶鮓	彌右衛門
淺草茅町	釣瓶鮓	彌三右衛門

這個時代，許多店家會在商標上標注「御膳御鮓」、「御鮓所」。

欲誆和尚使還俗
瀟灑叫賣鯽壽司

這樣的俗謠，似乎也是出現在這個時代。原本和尚裡面便有許多美男子——不，當時的和尚非是美男子不可。因為在那個時代，和尚必須是現世活沸，而當時的都會婦女甚至會忍不住揣想，如果讓這些美僧脫離僧籍（還俗），賣起當時流行的鯽魚壽司，那該有多麼瀟灑帥氣啊！當時壽司就是如此普及。

那時候的壽司米飯不像現在把煮好的飯移到飯桶後，再加醋攪拌，而是一開始就在水中加醋煮熟，然後攤開在「糸經」（草蓆）上放涼使用。但是很快地，下谷池端的敷嶋屋幸次郎就將之改成現今的煮飯方式。在這之前，是為「押壽司時代」。不過江戶前壽司的海苔卷、玉子卷、豆腐皮卷等卷壽司，在這之前早已發明。

進入文政年代（一八一八年～一八三〇年）以後，出現了真正的握壽司。面對握壽司的崛起，押壽司完全無力招架。這也難怪，握壽司不需要壓重石這道手續，也不需要等待發酵，只需要把鮓魚和酢飯捏在一起即可，非常簡單。等於是「稍待」壽司又往前進了一步，成了「馬上好」壽司。握壽司與急性子的江戶子一拍即合，立刻風靡全江戶市。遠方的京阪地方不必說，也傳播到全國各地。

「握壽司」的由來有各種說法，一般定論是，文政六年（一八二三年）兩國的与兵衛壽司店老闆華屋与兵衛發明了握壽司。

不過翻開《守貞謾稿》，上面說從天明年間（一七八一年～一七八九年）以來，江戶的箱壽司便逐漸式微：

文政末期，戎橋南一店字號松鮓，售江戶風握壽司。

由此可見，天明時期，江戶已經出現了握壽司。《七十五日》裡，提到天明時期流行海苔卷、豆腐皮卷、笹卷（竹葉卷）等壽司，而握壽司不待特定人士發明，由於它的方便、簡單，自然受到江戶子的歡迎，所以寬政時期（一七八九年～一八〇一年）左右，應該就已經有握壽司出現了。後來的江戶文獻中詳細提及文政時期与兵衛壽司店的生意興隆，可知是老闆与兵衛技藝高超，使得握壽司的形式更臻完美，是將江戶前握壽司推廣於世的大功臣。

江戶時代的握壽司，在歷史上頗為新穎。據說握壽司在開始使用銀魚、鮪魚、醃鯖魚等魚料以後，才在庶民之間普及開來。也就是在能夠新鮮取得這類魚料的時代以後，因此所謂「江戶前」這個名號，是在江戶後期才成立的。

壽司分成江戶風與上方風，上方風裡面，又分為大阪風、京風、近江風等等，不過一般皆以製作方法，像是卷壽司、押壽司、箱壽司、蒸壽司等等來區分。與其說江戶風、上方風，現在說東京風、關西風更明白易懂。東京風是握壽司、卷壽司，關西風則是押壽司、散壽司。

江戶的卷壽司，根據海苔的用法分成三種：粗卷、中卷和細卷。粗卷是以長方形海苔的長邊做為左右兩側，以竹簾捲起，江戶風看不到這種做法。中卷是將一片海苔的短邊做為左右兩側，是一般家庭常做的壽司。細卷則使用切成一半的海苔，為江戶風壽司獨有。

海苔的行話叫「草」（クサ），但叫「草卷」，總覺得有些無味，因此沒有壽司店這麼叫。本書「山葵」（サビ）的項目也提到海苔卷，不過現在也沒有壽司店單說海苔卷了。裡面包的是干瓢，就叫「干瓢卷」，古時認為大阪木津出產的干瓢最好，故現今干瓢卷仍稱「木津卷」。捲上小黃瓜，就叫「小黃瓜卷」，不過因為黃瓜的切口肖似祭祀牛頭天王的祇園神社社紋，而這裡的祭神與水有關，也叫河童天王，因此小黃瓜俗稱「河童」，故此種壽司也叫「河童卷」（カッパ卷）。也有傳說認為河童嗜吃小黃瓜，不過這些都沒有確實的根據。

「瓜卷」（ウリ卷）裡面包的是奈良漬[10]，一般做成細卷，供婦女食用。粗卷的形式與奈良漬似乎不搭。這是味道上的問題，與是否適合婦女食用無關。

捲上鮪魚，就叫「鐵火卷」（鉄火卷）。有說法認為，鐵火卷外側是海苔，中間是米飯，正中央紅色的鮪魚就像火焰，看起來宛如一根燒紅的鐵棒，故名「鐵火」。另一種說法是，鐵火卷放了不少山葵，儘管嗆辣，卻有著難以言喻的暢快餘味，就好像江戶人一旦答應請託，赴湯蹈火在所不辭的俠義心，故借用「鐵火肌」（悍性子）一詞，稱為鐵火卷。原本捲鮪魚赤身的叫做「漬卷」（ヅケ卷），卷鮪魚肚的叫「鮪魚肚卷」（トロ卷），捲上生薑片的叫「薑片卷」（ガリ卷），捲海膽的叫「海膽卷」（ウニ卷）。有些壽司店會賣一些奇特的材料，或客人也會要求包一些古怪的材料。既然是客人要求，亦未嘗不可，悉聽尊便。如此一來，便會包入一些新玩意兒，出現新的「某某卷」。

這也都是自由的，沒有規定禁止不可如何，只要客人覺得好吃就行了。不過現在一些行家認為，卷壽司要放在最後一道食用，才符合壽司道的禮節，稱為「卷收」（卷おさめ）。照字面來解釋是很有意思[11]，但若要放在最後食用，裡頭包的最好是清淡的食材，所以干瓢卷是最適合用來清口的。從這個角度來看，鐵火卷因為包的是鮪魚，不太適合拿來清口。所以才會增加山葵的量，以去除油脂味。

《守貞謾稿》裡面有天保時期（一八三〇年～一八四四年）的壽司插圖。

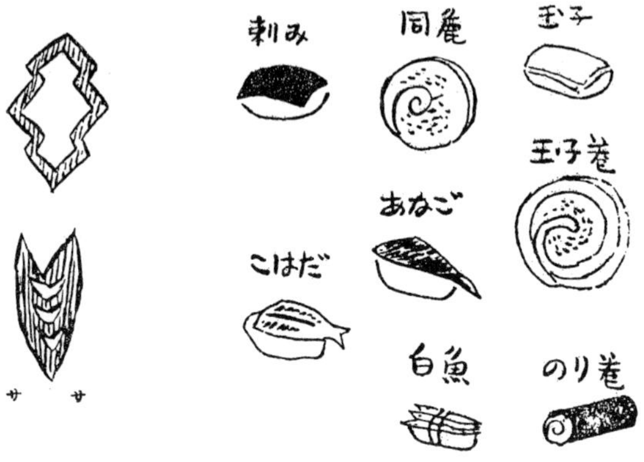

雞蛋燒、車蝦、蝦鬆、銀魚、鮪魚生魚片、鯽魚、甘煮星鰻，應有盡有。以上大略為八文錢之壽司。其中玉子卷為十六文。附醋醃嫩薑、姬蓼等。以山白竹葉分隔，置於壽司木盒時，壽司綴以裁切如上方左圖之山白竹葉。京阪地區則以葉蘭分隔，附上紅生薑及醋醃梅。

有段時期，散五目壽司（ちらし五目ずし）叫做「起壽司」（起こしずし）。

米飯自當加醋鹽，此外另有香菇、木耳、玉子燒、紫海苔、芽紫蘇、蓮藕、竹筍、鮑魚、蝦，魚肉則為醋醃生魚，全數切碎，拌

譯注10：奈良的醃漬物，以酒粕醃製的瓜類或生薑等。
譯注11：「おさめ」有收息、結束之意。

入飯中，盛於丼碗，上灑金絲玉子燒（切細條之玉子燒）。一人份為一小丼碗，定價一百文或一百五十文。或以大容器端至數名客人處，以手塩皿（小淺碟）[12]分食。江戶壽司傳入京阪之前，以此為精，押壽司為粗。在江戶，握壽司、五目壽司亦同，有精粗之分。

壽司因冬季食用較少，故江戶十月以後，壽司店皆兼賣鯽魚昆布卷。前述知名壽司店（松野壽司（松のすし）、与兵衛壽司）或可不售此種壽司，但一般店鋪必定兼賣。於京阪，僅有其他店鋪售鯽魚昆布卷，壽司店則不售。

關於這種鯽魚壽司卷，後面江戶時代的壽司店一節將有詳述。相對於江戶的壽司，關西壽司從所謂的「熟壽司」，進化到接下來的「箱壽司」。關於箱壽司，《守貞謾稿》也附以圖示，有如下記載：

> 三都原本皆流行押壽司，而江戶不知自何時起，押製之筥鮓式微，僅存握壽司。五、六十年後，筥鮓終於絕跡。所謂筥鮓，如下圖為四寸正方，將混合醋、鹽之米飯，置入筥盒一半，醬油煮香菇切絲鋪於其上，再鋪米飯，再於其上如圖放置煎蛋、生鯛魚片、鮑魚薄片，橫豎共切為十二等份。橫四豎三，共十二份。中央及四隅為煎蛋，黑色為木耳，白色為生鯛

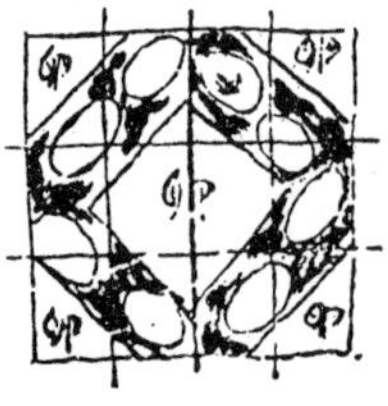

魚片或鮑魚片。

喜歡吃蛋的人，可以取用中央或四隅的部分。

製作筥鮓的盒子如下圖，蓋子可嵌入盒內，底部與外框同大，蓋與底不會偏移，預先鋪上布巾，避免米飯沾黏。米飯填入箱子後，便壓上重石，然後取出切分。裡面有香菇，切開來就會像下圖。這也叫做「柿壽司」（こけらずし）。

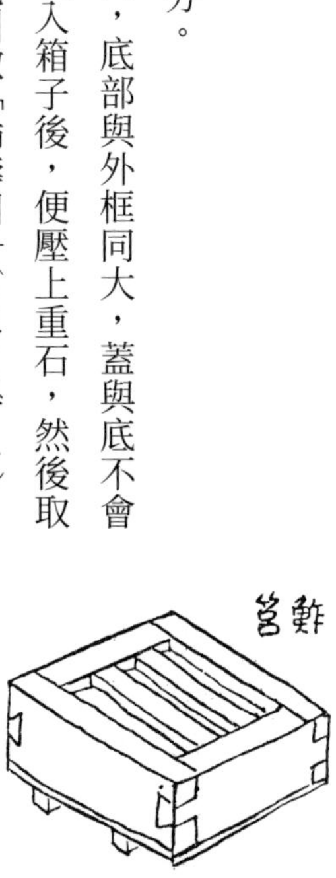

「柿」（こけら）指的是從木材削下來的木片，用來鋪屋頂，是削薄的羅漢松板或檜木板。這在關東也叫做屋頂板。鋪屋頂的時候，下一塊板子一定會跟前一塊板子部分重疊，而製作壽司時，魚料重疊的模樣，就近似這種鋪屋頂的木板，故有此名。「柿」與「柿」漢字相近，卻是不同的兩個字。劇場的落成典禮時會上演《三番叟》等喜慶戲碼，叫做「柿落」（こけらおとし），意指慶祝用屋頂板鋪滿新的房屋屋頂。

寶曆年代（一七五一～一七六四）的柿壽司裝在橢圓形容器內，製法是鋪屋頂板的形式，但形狀不拘。如下圖所示，若置於飯上的料是鳥蛤，也可以變成鳥蛤壽司。圖為切成方形的鳥蛤壽司，米飯

編按**12**：「手塩皿」意指小而淺的碟子，起源自京都朝廷的飯桌，放置於手邊裝盛鹽巴的器皿，因此而得名；也可裝盛醬油、香料等蘸食物用。

中央夾有不同的料，以「柿」的形式重疊排列製成。

> 鳥蛤一筥四十八文，柿壽司六十四文。一塊兩種皆為四文。百文則得兩種各一筥。

江戶盛行的壽司裡，有一種名為「拔毛壽司」（けぬきずし）。

> 所謂「拔毛壽司」，為握壽司一個個以山白竹葉包裹壓成，一個要價六文。除拔毛壽司外，亦有許多高價壽司，價格從一個四文至五、六十文皆有。

從一個四文的壽司，到一個五、六十文都有，價格著實昂貴。拔毛壽司做起來相當費工，因此較一般壽司更貴，但居然還有更貴的，令人驚訝。不過這是從前的事，至於現代，像裏銀座一帶的壽司店，壽司一個索價二〇〇圓，若是活蝦壽司，一個就要五〇〇圓，也有如此坑人的店，教人咋舌，但天價壽司從江戶時代就有，真正的老前輩在此，裏銀座根本不值一提。不過接下來就令人搖頭了：

> 天保施行府命，售昂貴壽司者，有二百餘名被捕，上手鎖[13]。其後價錢皆為四文、八文。但府命

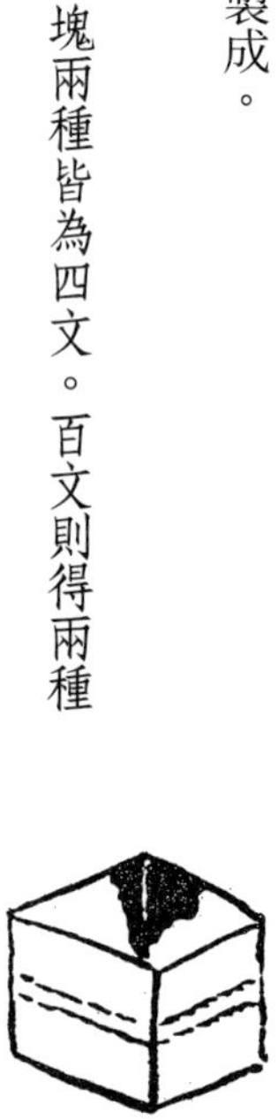

鳥貝すし

廢弛，近年又有販售二、三十文之壽司者。

天保改革時，販賣昂貴壽司的商家，有多達兩百多人被幕府逮捕，處以上手銬的刑罰。生意暫時都甭做了，賺來的暴利也都拿去繳罰款。不僅受到世人譏嘲，家人也因為丟臉而無顏上街，甚至有些人刑罰結束後，便偷偷摸摸收了店，不知逃去何處了。手鎖就類似現在警察使用的手銬，兩手並排，用兩個像老虎鉗的鐵圈銬住，手指可自由活動，但雙手無法伸展。不過天保改革後來也日漸鬆懈，又開始有人賣起昂貴的壽司來。這種江戶風的握壽司很快就傳到京都、大阪和名古屋。不過書上提到：

京阪壽司以醋味重為佳。近年江戶壽司醋味甚淡，壽司本質盡失。

從大正末期到昭和初期，大阪壽司開始出現在東京。當時的壽司醋放得少，東京的壽司飯醋味較重。如此看來，江戶時代反而顛倒，關西的醋味要重得多。

譯注13：手鎖為江戶時代的刑罰之一，以葫蘆狀的鐵銬拘束罪犯雙手手腕，但不關押其人，可居家生活。刑期有三十日、五十日、百日三種。

江戶前二三事

不管去到全國各地，壽司店的招牌或短門簾上一定都寫有「江戶前」三字。販售現成短門簾的門簾店，也一定都有預染好「江戶前」三字的商品。東京以外的地方標榜「江戶前」實在奇怪。從前北海道札幌有家壽司店風趣地打出「蝦夷前」[1]的招牌，結果生意不佳，最後還是改成了江戶前。江戶前儼然已成為美味的代名詞。

所謂江戶前，指的是江戶前方的海，亦即從品川擴展出去的東京灣，德川時代，這意味著使用的是江戶前方的海中（現在的東京灣）捕到的新鮮魚獲，因此在東京以外標榜江戶前是很奇怪的，應該要說「江戶前風」才正確。

不過近年的東京灣別說魚了，在裡頭悠游的全是大腸桿菌，不可能捕撈到壽司用的鮮魚。明治初期以前，據說隅田川和江戶城的外護城河可以捕到銀魚，因此品川的海裡應該也有活蹦亂跳的鮮魚。現在的港區芝浦在德川時代，從芝濱到本芝的一部分有漁船靠岸，出現近海魚市，賣的魚獲叫「芝濱物」、「濱物」，成了魚獲新的代名詞。有一則落語叫〈芝濱的錢包〉，敘述一名在鎮上賣魚的男子，有一天在海邊踢到錢包，撿起來帶回家。老婆把他灌醉，等他醒來時，騙他說撿到錢包只是一場夢，鞭策他努力賺錢，最後終於存錢開了一家魚店，老婆這才亮出錢包給老公看，準備開酒慶祝，結果老公回絕：「不，萬一喝酒，一切努力又變成一場夢就糟了。」賣魚男子撿到錢包的地方，就是前往芝浦的海岸。

說到現在的芝浦，海浦新生地上工廠林立，大海已遙不可及，但來自品川站的電車即將進入濱松町站的地方，從車窗看出去，高架橋下還有一些水窪，停泊著小舟。有些時期，岸上還看得到有人晒海苔。這是如今碩果僅存的德川時代品川海岸的餘緒。這裡的魚市場後來遷移到日本橋的本舟町，稱為「魚河岸」，如今更遷移到了築地。這裡販賣東京前的近海魚及遠洋魚，近海魚據說現在依舊美味，因此「江戶前」這個名號如今仍然通用。

在冷藏方法不發達的過去，江戶人只能吃到江戶前魚獲製作的壽司，應該也不知道江戶前以外的海鮮滋味。

譯注1：蝦夷指蝦夷地，即北海道。

關西的壽司

相對於「江戶前」，並沒有「關西前」這樣的說法。歷史悠久的關西壽司，現在依然恪守熟壽司的傳統，在京都、大阪是以十二．一六公分（四寸）的方盒製作押壽司。以前以一盒四十八文的價格販賣。這也叫做柿壽司，在米飯上擺上煎蛋、鮑魚及鯛魚薄片，切成十二等分，一塊賣四文錢，只有鳥蛤的壽司是一盒四十八文。塞在盒子裡、叫「箱壽司」的壽司，是在米飯放入香菇和魚料，再放上米飯，形成兩層。以海苔捲起的「卷壽司」，則是米飯裡摻香菇和土當歸。這些是京都和大阪的壽司。裡面也有些店家製法特殊。在關西，都一定會附上梅醋漬的生薑（紅生薑）。

江戶也有和京都、大阪類似的押壽司，但近年已經沒有人做了，都變成了握壽司；這裡說的近年，指的是文政時期左右，因此江戶前的握壽司歷史相當新穎。《守貞謾稿》卷之六：

> 握飯上置煎蛋、鮑魚、生鮪魚、蝦鬆、幼鯛、鯽魚、銀魚、章魚等，或其他各式材料製作。握飯上各有一種料。卷壽司亦稱「海苔卷」，只包干瓢。嫩薑、老薑皆不以梅酢醃漬，除薑外，

並附嫩蓼。

這是江戶前握壽司最早的形態。現在蝦鬆壽司不太看得到了。書上說除了薑以外，另外附上蓼，這現在也看不到了。有時會碰上店家附上，但似乎沒什麼客人會吃。

大阪握壽司的創始，是文政末期位於道頓堀戎橋的「松野鮓」，專賣江戶風握壽司的店，門庭若市。紀錄中說後來它遷到大西芝居的西鄰，生意興隆。名古屋地方，則要到天保以後才開始販賣握壽司。

廣澤虎造的浪花節[1]《石松三十石船》裡，清水次郎長的小弟森之石松乘坐三十石舟從京都順淀川而下，說著：「江戶子呀，神田人啊，來喔！吃壽司吧，吃壽司！」據傳這壽司是如今仍在大阪延續了四代的鐵炮家壽司。不過浪花節裡的「吃壽司吧」是否為真實情節，無人知曉。看看電影《森之石松》或舞台劇，船上的壽司用的都是握壽司，不過如果是大阪買來的壽司，理應是箱壽司才對。鐵炮家賣的壽司當然也是箱壽司。電影和舞台劇還細心地準備了圓形「飯台」這種壽司容器，演出極為細膩。在「道中」（現代所說的旅行）食用江戶風的握壽司確實奇怪，而且那也不是旅行所攜帶的容器。不過若是叫壽司外送到船上，上述疑點便可全部撤回。

譯注1：浪花節是一種以三味線伴奏的說唱曲。

《守貞謾稿》還提到大阪的壽司魚料變大變厚的情形：

約文政末年，大阪心齋橋大寶寺町南有新壽司店「福本」。福本售煎蛋、鮑魚、鯛魚等厚度為二分之柿壽司，大受青睞，客人爭相購買。此因過往之壽司料皆極薄之故。價錢相同，用料更厚，滋味鮮美，故大受歡迎，其餘店家亦加以仿製，卻無同樣盛況。

各式壽司料

江戶前的握壽司現在都使用哪些材料？握壽司不分貴賤，廣受歡迎，是因為它真正是從山上的山葵，到海底的鮑魚，網羅了山珍海味之故。滋味也從清淡到濃郁，無所不有，材料與壽司飯神奇地融為一體。製作方式也不單一偏頗，而是千變萬化，故能贏得每一位饕客的歡心。

壽司起源的熟壽司時代，主要使用河魚：

香魚、鯽魚、鯉魚、鱒魚

文武天皇在位的大寶年間[1]，《大寶令》中提到以下幾種：

鰒鮓（鮑魚鮓）、鮭鮓、貽貝鮓

到了藤原時代，《延喜式》中提到諸國朝貢給朝廷：

鯛春鮓、鯽魚鮓、貽貝鮓、保夜貝鮓、雜魚鮓

此外還記載有鹿肉、山豬肉等壽司，可以看出除了魚介類之外，獸肉也被拿來做為壽司的材料。

後來進入押壽司的時代，使用的魚類有：

竹筴魚、幼鯛、窩斑鰶、鯖魚

德川時代出現握壽司後，一開始的材料有：

玉子燒、鮑魚、幼鯛、鯽魚、蝦、銀魚、星鰻

天保末年，曾有一次鮪魚大豐收，由於當時鮪魚在魚類當中被視為下等魚，因此這大量的鮪魚不

譯注1：大寶為日本飛鳥時代的年號，西元七〇一年至七〇四年。

知該如何處置，即便要丟棄，也苦無場地。這時日本橋馬喰町的惠美壽壽司（恵美寿鮨）嘗試以鮪魚來握壽司，沒想到竟對上江戶子的胃口，流行起來。從馬喰町的地名就可以知道，這裡當時有許多「馬喰」（即馬販子）；而馬販子消失以後，則多是做鄉下人生意的旅店，因此便宜貨受到歡迎而熱銷，想必惠美壽壽司的老闆也是將鮪魚壽司當成廉價壽司販賣。當時不像現在有冷藏設備，鮪魚會變色，因此將魚肉切片後浸泡在醬油裡，待轉為玳瑁色之後再使用，故鮪魚也叫做「漬」（ヅケ，醃漬之意）。

因此，供應給上流家庭的壽司是不用鮪魚的。以「御膳壽司」為招牌的地方，都用白身魚取代鮪魚。而今鮪魚卻成了壽司之王，雖說是時代變遷，卻也著實耐人尋味。

後來壽司料出現各種變化，握壽司也開始使用：

活蝦、生鮑魚、生墨魚

這些在昭和十年以後，關西較早出現，後來逐漸傳至東京。二次大戰到戰後時期，物資匱乏，壽司本身必須以委託加工的名義才能吃到，[2]但物資普遍缺乏，因此只好用別的材料湊合，於是出現了取自溪河的食材：

鱧魚、溪藻、鯽魚、鯰魚

溪藻是拿來做海苔卷壽司的，不過能夠嚐到這些的人，都還算得上是有福報。在都市，一切都是七拼八湊，有什麼就將就用什麼，還出現了以下用料詭異的壽司：

豆腐渣壽司、蕎麥壽司

不過就連這些，一般人也品嚐不到，當時的壽司界可說是捉襟見肘到了極點。等到社會局勢穩定下來，鱧魚等奇特的壽司料也隨之銷聲匿跡了。

人的喜好變化無常，戰前不怎麼受喜愛的鮪魚肚，到了戰後的現在，卻變得比赤身肉更受歡迎；或是蝦蛄等等在戰前就像墨魚腳一樣，被視為下等魚料，如今卻成了高級魚料。因此往後會出現什麼樣的新奇材料，難以捉摸。至於魚類以外的壽司料，現在有：

譯注2：戰後日本頒布飲食營業緊急措置令，進行糧食管制，壽司店無法營業，後來允許人民以委託加工的名義，以一合（約〇・一八公升）米糧交換十個握壽司（或四條卷壽司）。

雞肉、牛肉、豬肉、火腿、起司

新潟縣有：

數子（鯡魚卵）

至於北海道地區，從戰前就有：

生海膽

不過今天則是東京用得較普遍。近來運用在壽司上的還有：

番茄、蘋果

現在的壽司料，一般使用的食材大致可分為以下幾類：

生魚　鮪魚（黑鮪、旗魚、黃鰭鮪、大眼鮪魚、長鰭鮪、幼鮪）、鯛魚（真鯛、黑鯛、女鯛）、鰤魚（幼鰤、中鰤）、鱸魚（幼鱸、中鱸）[3]、比目魚、縱帶鰺[4]、勘八（紅甘鰺）、鰹魚、馬鮫、生墨魚（軟墨、擬目烏賊、墨烏賊）、活蝦

貝類　赤貝、海松貝、鳥蛤、青柳貝、平貝（牛角江珧蛤）、帆立貝、鮑魚、青柳貝的貝柱

光物　鯽魚、竹筴魚、針魚、幼鯛、沙鮻、鯖魚、鯰魚

煮物　星鰻、墨魚（北魷、長槍烏賊）、文蛤

燙物　蝦子、蝦蛄、章魚、銀魚

玉子燒　材料為雞蛋加上魚類（蝦、白身魚、河豚、鯊魚等）

香物[5]　黃蘿蔔乾、奈良漬、淺漬[6]、小黃瓜、守口漬[7]

其他　肉鬆類（蝦子、鯛魚、比目魚、鱈魚）、海苔、干瓢、生薑、山葵、昆布、油炸豆皮、海膽、鮭魚卵、香蕉、草莓、牡蠣

編按**3**：根據「市場魚貝類圖鑑」指出，「セイゴ」指的幼鱸是1歲魚、15〜18公分；「フッコ」指的中鱸是2〜3歲魚、長35公分左右。
編按**4**：台灣俗名「甘仔」。
譯注**5**：日式醃漬泡菜。
譯注**6**：短時間製成的醃漬類。
譯注**7**：酒粕醃製的守口白蘿蔔。名古屋名產。

光物也可以算進生魚類，不過在業界是分開的。文蛤也是貝類，但並不生食，而是煮過，因此歸入煮物，是一種難以精確分類的壽司料。

海膽和鮭魚卵依照客人的喜好來製作。牡蠣有兩種，生的和罐頭的。香蕉和草莓或許也是基於顧客喜好而出現的食材，卻也是教人頭疼的材料。

其他古怪的壽司料，還有天婦羅壽司。這是一種握壽司，是將蝦子、星鰻、蝦虎魚等做成天婦羅，再刷上醬料使用。

壽司的時令

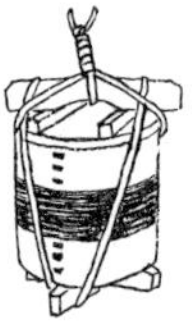

這些材料都有所謂的「旬」。應時當令的食物，滋味自然最佳。

壽司也有所謂的時令，所以不必偏要在當令以外的時候勉強去吃。魚類在當令食用，滋味是美上加美，知道一下相應的季節，絕對沒有損失。

壽司材料	特別美味的時節	美味的時節
鮪魚	一、二月	三、十一、十二月
鰤魚	一、二、十二月	三、十一月
赤貝	一、十二月	二、三、十一月
貝柱	一、十二月	二、三、十一月
章魚	二月	一、三、十一、十二月
比目魚	一、十二月	二、十一月
鳥蛤	一、二月	三、十一、十二月

鯽魚	十一、十二月	一、二、三、十月
文蛤	二、三月	一、十二月
針魚	二、三月	一、四月
鯛魚	五月初旬～七月初旬	二、三、四月
鰹魚	五月上旬～九月初旬	四月上旬～五月初旬
竹筴魚	五月上旬～八月	九月
蝦蛄	六月初旬～七月	五月～六月初旬
花鱸	七～十月初旬	六月
星鰻	七、八月之初	六月、九月
蝦子	七、八月之初	六月初旬、九月初旬至十月初
鮑魚	七～九月、十月初	六月
鯖魚	九～十一月、十二月初	八、十二月
墨魚	十月初旬、十一、十二月	九月初旬至十月初旬

壽司料的營養價值

前面提到壽司料最美味的時節，接下來便從科學的角度，來看看這些美味的食材能帶給人體什麼樣的營養。

壽司使用的魚類含有蛋白質、脂肪、灰分、水分，至於有多少含量，除了營養師以外，可能都無法當場給出答案。只要參考下表，攝取身體需要的食材，壽司也能成為營養滋補的食物。所有的數字都是百分比，只有熱量是每一百公克當中的含量。

另外，這裡要特別提醒，參照〈壽司的時令〉，最美味的時候與普通美味的時候，熱量有一些波動。這份表格顯示的是最高營養價值。同一種壽司料，高級品和低級品的熱量也不盡相同。同樣是壽司，亦有相當懸殊的差異。

十圓壽司與三十圓壽司都是壽司，不過東西有上下乘之分，從一般常識來看，三十圓壽司雖然價錢貴，但營養價值也比較高。無論何時何地，便宜貨終歸是便宜貨。雖然偶有例外，不過遇上物美價廉的東西，應該當做是運氣好。

接下來要談談與壽司關係密切的材料——不，少了它，壽司就不是壽司，而只是米飯的各種材料。

種類	水分	蛋白質	脂肪	灰分	熱量
鮪魚	七一・七五	一五・七九	一〇・六四	一・八二	一五七
鰹魚	七二・七三	二五・〇六	一・二一	一・〇〇	一一四
沙鮻	七九・九九	一八・〇九	〇・六〇	一・三二	八〇
花鱸	七七・七〇	一八・六二	二・九六	一・〇九	九九
鯛魚	七七・九〇	一七・六五	三・〇七	一・三四	九九
鰤魚	七五・四三	二一・九六	一・四五	一・一六	一〇三
竹筴魚	七六・七二	二一・〇〇	〇・七五	一・五三	九三
墨魚	七八・九一	一九・二三	〇・五六	一・四一	七七
貝柱	八〇・二七	一八・〇九	〇・二二	一・三二	六一
文蛤	八四・一二	一三・一九	〇・八一	一・八八	一〇五
鮑魚	七三・〇〇	二四・五八	〇・四四	一・九八	一〇五
赤貝	八二・〇四	一五・七九	〇・四五	〇・七二	六九
星鰻	八一・五〇	一六・七三	〇・六〇	一・一七	七四
芝海老	七八・四九	一八・九八	一・〇三	一・五一	八七

海苔

壽司當中，在握壽司興起之前，海苔卷與稻荷壽司曾經鼎盛一時。當時說到壽司，海苔卷是首屈一指。海苔卷使用的海苔，以江戶生產的「淺草海苔」為最上乘，因此海苔卷亦是可名列江戶前壽司的頂尖品。至於它所使用的海苔，也有必要說明一番。

用來做細卷壽司的海苔，若是極品，一帖[1]約二五〇圓。淺草海苔顧名思義，從前是在隅田川靠淺草一帶採集，但隨著時代變遷，逐漸轉移到品川的海岸。這是因為上游興建起工廠，排放有毒廢棄物，或沿岸居民投棄垃圾，造成河裡的海苔養分消失。最近海苔的採集已經轉移到千葉縣的海岸線。也有在伊勢灣知多半島一帶採集、製造的商品，以淺草海苔的名義出現在東京，甚至還有外國貨偽裝成正牌淺草海苔上市，因此許多儘管名稱標榜是江戶前，卻是名實不副。不過壽司店絕對不會使用外國海苔，大可放心。

好的海苔首先色澤光亮，略為偏厚，但厚度平均，烘烤後香氣襲人。以這樣的海苔製成的壽司卷，放入口中，有股淡淡的甜味，彷彿化入口中，口感難以形容。那種咬下去有纖維感的粗糙海苔，不適合拿來做江戶風壽司。將這樣的極品海苔兩片重疊，迅速以炭火烘烤兩面。若火力太強，反而會招來溼氣，減損風味，故必須謹慎。但火太小也不行。烘烤之後，以菜刀切半，拿來製作細卷。之所以兩片重疊，不是為了省事，而是為了避免香氣跑掉。一片一片烤似乎可以更快烤好，但如此一來，獨特的香氣便會揮發散去。若是兩片重疊，彼此的香氣便會相互轉移，即便揮發，也不致浪費。

不過如果烘烤不夠充分，就無法逼出香氣。便宜的海苔從一開始就沒什麼香氣，不適合用來做壽司。聽說近年有些便宜的海苔會添加人工香料與調味料，令人擔心是否會被唬過去，不過天然的香氣與人工香味，一嚐就能分辨出來，舌頭敏銳的美食家是不會受騙的。

充分烘烤，是為了以竹簾捲製時，海苔不會破裂，或難以捲起。除了品質好的海苔以外，還需要足夠的手藝，全心製作。只要品嚐海苔，便可立即辨識出一家壽司店的等級。即使壽司訂價昂貴，如果用的是廉價的海苔，或即使使用高級海苔，捲壽司的師傅本領不夠好，也無力回天。留意師傅的手藝，仔細觀察捲竹簾的動作，也是饕客的功夫之一。可不能只顧著聊天，光吃上桌後的成品。

百貨公司的食品賣場或輕食堂等地方經常陳列販賣海苔卷，但這些東西製作之後幾乎都已經放了

譯注1：帖為計算海苔片的單位，一帖為十片。

好幾個小時，因此海苔的滋味大半也無法期待。海苔卷應該盡可能品嚐剛做好的新鮮貨。

從科學角度來看，海苔是一種藻類，是叫紅藻類的海草，附著在水中的樹木或石頭生長，為柔軟的扁平狀，沒有莖葉之分。有天然的和粗朵[2]養殖的。採集附著在粗朵上的海苔製成的乾海苔，以品川、大森一帶的味道最佳。這類海苔叫「篊」[3]。另外，在小寒至大寒期間採集的被視為極品，叫做「甘海苔」（あまのり）。天氣愈暖，海苔的等級愈低。俗稱的「淺草海苔」，一般成分為蛋白質二六・一四、無氮萃取物四四・五一、纖維五・五〇、礦物質九・四五、水分十四・四〇。淺草海苔的性質是會附著在岩石以外的物體上，因此就像前面說的，將粗朵立在淡水與海水交界的海岸處，海苔便會附著其上，藉此來進行養殖。

陸地上的植物進入冬眠的九月底左右，海苔便開始旺盛成長，到了一、二月左右，身體會製造出生殖細胞。生殖細胞是從一般的身體細胞變化而成，一些變成「雌性母細胞」，形成一區，準備將來成長離巢。而形成斑紋出生的則變成「雄性母細胞」，會分裂得更小，每一個都是精子。精子本身無法自行運動，只會隨著水流漂動。雌性母細胞身體的表面形成突起，讓從雄性母細胞分裂出來的精子附著上去，在此結合受精。受精後會分裂成八個，形成叫果孢子的種子。形成果孢子後，到了二、三月，母體便會流出死亡。而果孢子再次附著到「篊」（粗朵），發芽成長，再次製造果孢子。如此不斷反覆，漸漸地水溫再度升高，海苔的發育也逐漸趨緩，體形慢慢變小。

五月以後，海苔已無力製造果孢子，大小只剩下五公釐到六公釐，這就是夏海苔。夏海苔躲藏在岩石或海草的陰影處避暑，到了九月，水溫開始降低，來到攝氏八度左右，便直接轉變成果孢子，從母體流出水中。這些孢子就是秋海苔的種子。也有說法認為海苔是以果孢子的形態渡過夏天。

海苔形狀細長，外形似扁平的葉子，邊緣有許多褶邊，由一層或兩層細胞形成，根部有附著器，形狀像變形的根，異於陸地上的植物，是以全身的表面來吸收養分。根部的附著器完全不會吸取養分。

製作完成的淺草海苔，以十片一帖為單位販賣。高級品有甜味，烘烤後會變綠的，品質良好，是能烤出色澤的海苔。烤不出色澤的海苔，不是製造的時候天候不佳，淋到了雨，就是陽光受到遮蔽。未經烘烤就是綠色的海苔是不一樣的東西，不適合用來做海苔卷。現在海苔的尺寸比戰前縮水了一些，一般是二〇．六〇公分（六寸八分），大片為二二．七〇公分（七寸五分）。

肥後水前寺的河川採集的「水前寺海苔」、靜岡縣富士山腳的芝川採集的「芝川海苔」、揉碎後灑在食品上的「青海苔」、與此類似的「青」（あおさ）、筑前[4]的「秋海苔」、日光的「川海苔」等等，也都是受到珍重的變種海苔，但都不適合拿來做海苔卷。

把海裡採來的海苔放到板子上，以筷子去除泥沙，用菜刀剁碎，與清水一同倒入七十二公升（四

譯注2：粗朵是日本傳統上插在潮間帶，令海苔附著養殖的樹枝或竹枝。
譯注3：ヒビ，篊是一種粗朵，立在潮間帶用來養殖紫菜、牡蠣的道具。
譯注4：筑前為日本舊時律令制的行政區之一，相當於現今的福岡縣西部及北部。

斗）容量的木桶中，以竹棒攪拌。竹簾上放置木框，再以方形容器舀起木桶中的海苔，均勻倒入框中。訣竅是使海苔平均，若是凹凸不平，會影響口感。水會流下竹簾，留下海苔，接著直接把竹簾連同海苔並排在晾晒台上乾燥。晒好之後取下疊放，上置木板，待海苔硬實後，裝進容器，避開溼氣儲存。若要長期保存，可在儲藏架底下放置炭火，保持環境乾燥。

壽司米【すし米】

壽司使用的米飯叫「舍利」（シャリ），這是梵文讀音，人類的屍體火葬之後，將剩下來的頭蓋骨敲碎，就會變得有如細白的米粒。印度釋迦牟尼佛這如同米粒般的一小塊骨頭，曾遠渡重洋來到日本，稱為「佛舍利」，受到佛教信徒的崇敬。迎得這佛舍利的寺院，將它置入玻璃珠般的容器中，供人膜拜。由於它的外形就像飯粒，因而出現了以「舍利」代稱米飯的說法，起源相當古老。在津輕地方，有種小石頭也叫舍利，這名字也是源自於骨頭。

壽司米必須使用精挑細選的舊米，一般不用新米。會使用新米的壽司店，本身也是「新米」[5]。新米指的是剛收成的米，一般人都喜歡這種米，但新米的好就只有新鮮，缺少米的甘甜底蘊，因此才會把剛進公司的菜鳥員工稱為「新米員工」。新米即使細細咀嚼也不甚有滋味，舊米卻有。既然如此，

「新米員工」的相反詞應該要叫做「舊米員工」才對，然而實際上資深人員卻是叫做「古參」。賣弄才學就到此為止。壽司的好壞，全看捏製的手法、米飯、壽司料這三樣，其中米是最為關鍵的，因此米的挑選至關重要。壽司米一般公認秋田、新潟等水鄉地帶的知名稻米最好。必須是品質良好、純白透明、帶有光澤、堅實、小巧、渾圓、大小均勻、乾燥充分、沉甸甸的米。即使是這樣的米，如果是新米，拿來做壽司，就會出現不好的黏性，一入口就散開，這樣便無法呈現舍利獨特的口感，因此必須使用舊米。

有些店家很狡滑，將新米和舊米混合使用，這是最低劣的邪門歪道。黏土質的土地生產的稻米滋味佳，特別是土紅色土質生產的米，被視為上品。砂土質的田地生產的米顆粒碩大，味道卻不佳。業者說的「舍利一鍋」，是壽司界的行話，指的是二升飯鍋一鍋的米，換算成公制，將近四公升。現在一般的壽司店是以五鍋為標準，剛好一斗。這樣的米飯量，可以捏出約一千顆壽司。壽司的生命關鍵在於舍利，魚料的滋味能否發揮，也全看舍利如何處理。據說如果師傅對任職的店家不滿，就會故意多捏點飯，讓總數少於一千顆。又或是調整舍利的捏法，讓客人不再上門，像這樣透過在舍利動手腳，來進行抗議行動。

再怎麼說，處理舍利都是一門精深的工夫。舊米的話，稍微洗過，去除糠粉，浸泡兩、三個小時

譯注5：新米在日語中亦有菜鳥之意。

後瀝水，加入比米量多五分之一的水來炊煮，是其訣竅。新米的話，最好以同量的水進行「湯炊」。所謂湯炊，是鍋中放水生火，待沸滾前再把米倒進去炊煮。而「水炊」則是從一開始就把米和水一起放入鍋裡炊煮。壽司米多使用湯炊法。大阪壽司的話，水量稍多。飯鍋是鐵製的，而且厚度要夠。自古以來，煮飯就有個口訣：

起頭文火，中間大火，噴氣收火，嬰兒號哭，也絕不開鍋。

煮飯時的火力拿捏就是如此微妙。以前甚至還有專門煮飯的師傅，就叫「舍利屋」。關火之後慢慢地燜蒸，也是訣竅之一。捏起煮好的飯，放入口中，飯粒自然鬆開，表示煮得恰到好處。飯要煮得好，比起用瓦斯爐，木柴煮出來的更有味道。木柴煮出來的飯，水分比瓦斯煮的更少，飯量也會多一些，因此澱粉較容易產生化學變化，也就是水解作用，所以嚐起來味道更好，營養也更豐富。這並非全是熱量的問題，水分較少，實體比例自然較高；而柴火和瓦斯火的溫度不同，炊煮的時間也不同，煮出來的飯不一樣，也是天經地義之事。那麼，把瓦斯火調到跟柴火一樣的溫度就好了嗎？但實際上這是不可能的，因為木柴和瓦斯的發熱原理從根本上就不同。

木柴不會升起熊熊大火，而是透過輻射熱的方式，以平均偏低的熱度遍布在一定的範圍內。瓦斯則是透過火焰，僅在接觸的部分以局部高溫強力加熱，因此煮飯的時候若是把瓦斯火轉小，調整到和柴火一樣的溫度，就會只加熱到鍋底，無法煮出好吃的飯。

所以就像學者說的，瓦斯和木柴煮出來的飯不一樣，但這並非瓦斯火不好，而是使用方式不當，起因於木柴和瓦斯的加熱方式不同，故只要改變做法，就能煮出另一種滋味的米飯來。現今使用木柴的家庭難得一見，多是使用瓦斯爐，而且還有電鍋，更為方便省事。「哎唷，這年頭要是有哪個客人吃得出木柴和瓦斯煮出來的飯不一樣，我還真想拜見一下呢。」要是師傅這麼說，應該會有不少人點頭同意。

一日三頓飯，有硬也有軟
正如同世事無常，無法事事順心如意

也有這樣的狂歌[6]。確實如此。

煮飯固然是一門學問，煮好之後，將飯舀至飯台上淋醋攪拌，其中壽司醋調配的程序，也有高明拙劣之分。戰前僅使用醋和鹽巴，但現在許多地方會灑上與鹽巴等量的砂糖。民眾的喜好就是有了這麼大的改變。東京風與關西風又有極大的差異。這裡說的是東京風。

譯注6：狂歌是流行於江戶中期的一種短歌，內容卑俗滑稽。

現在的壽司醋，多半是三．六〇六公升（二升）的米，配上〇．三七九公升（二合一勺）的醋、九三．七五公克（二十五匁）的鹽巴、約七十五公克（二十匁）的砂糖。大阪風的話，是〇．四一五公升（二合三勺）的醋、九三．七五公克（二十五匁）的鹽巴、三〇〇公克（八十匁）的砂糖、調味料、四十五公克（十二匁）的昆布。昆布在煮飯前放入，煮好即取出。京都風的話，口味就更甜了。煮好的飯不能在鍋裡放太久，如果煮兩升飯，熄火後放置超過十五分鐘，飯就會變硬，淋醋的時候不好拌勻。飯倒到飯台上冷卻時，若是以大風吹涼，就能讓飯粒顯得晶瑩有光澤。不過夏季與冬季，處理方式亦有不同。

淋上醋後，得等上一分鐘，才會開始入味。時間到了，把飯攤開，用飯勺以切拌的方式攪勻。這時候如果過度翻攪，會使舍利口感變粉，吃起來黏膩，滋味不佳，所以要留意。

江戶風握壽司原本的特色，是使用紅醋做為壽司醋。但由於戰後多食用半脫殼的淡褐色配給米，因此出現了「若使用紅醋，會讓客人不再上門」的說法。壽司醋的配方裡，如果砂糖使用過量，會毀掉整個味道。在一般家庭，使用「味滋康」（Mizkan）牌的壽司醋，似乎味道最佳。

電視上的料理節目，某些大廚傳授的「壽司飯做法」，一定都會教人豪邁地灑上化學調味料。化學調味料能讓尖銳的味道變得圓潤，效果非凡，因此端看如何使用，確實可以調出嚐起來還不賴的味道。但握壽司著重在發揮材料的原味，所以壽司醋裡不該放化學調味料或醬油。壽司醋固然重要，但切拌的時候，以團扇搧涼也是重要的程序之一。從外側急速冷卻，每一顆舍利的表面便會形成澱粉薄膜，即使放久了，也不會變得乾巴巴，薄膜內側的舍利維持著剛煮好的美味。要是口感變得像外國米還是人造米[7]那樣乾、散，實在教人難以下嚥，因此必須以團扇努力搧涼。奮力搖扇，絕對不只是為了炒熱氣氛。用電風扇也是個方法，但電風扇的強風集中在一處，難以切拌均勻。即使用扇子，也同樣講求迅速俐落。飯粒表面的澱粉，學術名稱叫「澱粉體」(Amyloplast)。

壽司以前叫做「合」(合い)，是江戶子在正餐之間用來充饑的小食，由此發達盛行起來。舍利的大小，最好是能剛好襯托出壽司料的獨特風味。壽司料恰到好處地包裹住舍利的前後，這樣的壽司才是極品。

近來流行舍利極少，上頭的料又大到不行的壽司，就像勁爆年糕紅豆湯[8]裡的年糕片一樣，大到魚料的前後左右都垂蓋下來了。店家的用意是讓人滿足品嚐醋飯上的魚料，然而卻教人沮喪。有人嘲諷地說：「不好意思，這魚很大片是很不錯，不過底下的舍利可以也配合一下，捏大團一點嗎？」沒想到師傅居然不解其意，訝異地回應：「咱們店裡就是以舍利少自豪。」這樣的壽司，不僅毀了魚料，也糟蹋了舍利。至於舍利少、魚料也小到不行的十圓壽司，根本不值一提。同樣是壽司，若不能達到魚料與舍利的完美比例，就不算是真正的壽司。西餐饕客為了提升料理的滋味，會少量搭配精緻的麵

譯注7：日本戰後由於糧食匱乏，出現過以麵粉或玉米粉加熱塑型而成的人造米。
譯注8：ビックリぜんざい，昭和年代，大阪新世界地區流行的食物。紅豆湯裡的年糕片異於一般，約有明信片大小，令人驚訝，故得其名。

包，咱們壽司客也應該效法這樣的志氣，對舍利的比例同樣地吹毛求疵才行。

壽司的漢字也寫做「鮨」。舍利的好壞，能夠決定魚料的生死，不過碰上技術拙劣的師傅，捏的時候左捏右揉、翻來覆去、磨磨蹭蹭的話，即使舍利煮得再完美，捏出來的壽司也注定要失敗。捏壽司的時候，應該盡量精減工法，迅速成形。左手取料，四根手指併攏彎曲，拇指扶在食指旁，形成舟型。然後右手中指、無名指、小指取舍利，食指抹山葵，將右手呈卵型的舍利放入左手的舟型，再以右手食指及中指輕按。這時左手的四根手指，指頭的指甲部分對齊，拇指緊壓。從這按壓的微妙力道，就可以看出師傅的手腕——不，手指的道行。接著轉過來，以左手拇指理好尖端的形狀後，翻轉一圈，以右手食指、中指一轉，置於客人前方的付台上。

壽司呈舟型翹起，不是故意捏成這樣，而是左手呈舟型，底部的指頭確實彎起，魚料便會自然朝左右微微彎曲。另外，食指和小指的第二關節彎曲度，比中指和無名指更淺一些，因此舍利的前後比起中央，也會較薄一些，故會像船首和船尾一樣翹起。

坐在壽司店的付台前面點了壽司後，師傅都會一次端上兩顆握壽司。這是因為壽司有左右的彎曲和前後的翹起，如果單放一顆，即使是高明的師傅，壽司還是免不了稍微往左或往右傾倒。因此才會藉由讓兩顆壽司相依相偎，來防止傾倒，這是師傅的戲法。如果只想吃一顆的時候，單點一顆，即可避免一次兩顆上桌。也有人說一次捏兩顆，是為了方便算帳，但似乎並非如此。或許一般是這麼認為，但解釋為是防止握壽司傾倒、追求視覺上的美觀，似乎更為妥當。

壽司的美味與否，雖然要看師傅的手法，不過最受強調的還是壽司料。壽司料指的是舍利上面的材料（也包括玉子燒等），材料如果不夠高級，師傅手腕再好，也無從發揮。壽司料只要新鮮，並選用最精華的部位，自然就能做出美味的壽司。用法看似奢侈，但發揮其天然特色，找到極致配方，是江戶風壽司的特色。這亦是江戶一般料理的特色。但關西卻有些不同，關西不鑽研強求，而是活用一切食材，因此押壽司才會發達起來。

有些壽司貴得嚇人，不過即使是鮪魚，若使用真正上好的部位，一片成本就差不多要七十圓。再加上米飯、山葵、人事、店面維持費等等，據說再怎麼樣都得賣個一百圓才行。不過這是最頂極的價錢了。有些昂貴的店家，一顆鮪魚壽司就索價三百圓，實在有些可議。

壽司雖是大眾食品，但向來頗為昂貴，自古以來，一般行情是一顆壽司相當於一碗蕎麥麵的價格。假設冷熱蕎麥麵一碗三十圓，這就是當時一顆壽司的價位。以一般常識來說，如果符合這個行情，即使昂貴，也不能生氣。不過這指的當然是材料精挑細選的壽司。

山葵【ワサビ・わさび・山葵】

山葵是壽司不可或缺之物。日語裡面，有「山葵夠味」（夠嗆）的比喻，壽司裡頭也有同樣的說法。山葵夠味，指的就是有那股宛如電流直竄眼鼻般的嗆辣勁。在壽司店，山葵（ワサビ，讀音為Wasabi）會省略首字，簡稱為「サビ」（讀音為Sabi）。《本朝和名攷異》（九一八）中，把山葵記載為「和佐比」。

形容事物的詞彙「寂」（サビ），多用來描述閑寂的意境，但「荒」字也讀做「サビ」，指情狀逐漸轉變，日漸荒廢之意。學者專家認為，此種說法便是來自於山葵ワサビ的サビ。這先暫且不去探究，回到壽司的山葵來，壽司用的山葵大致上可分為「山葵泥」（すりサビ）和「山葵粉」（ねりサビ）兩種。

山葵泥是師傅揮汗如雨，現場研磨新鮮山葵而成。山葵粉則是預先磨成粉，加入許多添加物的粉狀山葵，需以冷水調開。不必說，前者味道更佳，富有山葵獨特的香氣、色澤、嗆辣及甘甜。不過相形之下，價錢也昂貴了許多。便宜的十圓壽司店是用不起新鮮山葵的。大部分的店家，似乎都將泥與粉混合使用。要知道，偏綠色的山葵都是粉末調成的。

有些壽司店會待客人坐定之後才開始研磨山葵。懂得個中用心的客人，稱得上是「夠嗆」的客人；但對於渾然無感的客人，可就是白磨了。

山葵磨好後，還不能立刻使用。必須先盛入容器，倒過來擱在板子上，或是蓋上蓋子靜置一段時間，否則會有一股難以言喻的帶苦強烈怪味殘留在舌上。壽司業者稱此為「薩瓦林」（サバリン），但不知是何意思。如此簡單的方法，便可以讓山葵發揮出馥郁的獨特香氣，並具備濃厚的高雅甘甜。

山葵怕熱，因此嚴禁以熱水汆燙。

江戶時代有一則笑話，描述主人叮嚀下人，說山葵得先去除苦味，才能附在生魚片旁上桌，下人應道：「好，知道了。」卻遲遲不見生魚片端來，主人遂前往廚房，詢問「山葵」處理得怎麼樣了？下人回道：「是，從剛才就放在鍋裡煮著，好去除苦味。」這就是使用錯誤的方法去除所謂的「薩瓦林」。這樣的事可教人笑不出來。

研磨新鮮山葵有兩種做法，一是使用較粗的磨泥器，迅速磨好，再以菜刀背剁碎；二是使用細目磨泥器，以畫圓方式研磨山葵，充分磨出黏性。前者的方法能釋放出山葵的香氣與甘甜，後者的方法更能發揮山葵的刺激與嗆辣，各有各的長處。兩者共通的訣竅，是必須盡全力去磨。要是慢條斯理、軟綿無力地磨，不管是新鮮的還是粉狀的，都會變得平淡無味。山葵粉要取少許冷水，以指頭用力搓勻，使其黏稠，是其訣竅。為了去除「薩瓦林」，不管是新鮮山葵還是山葵粉，都要使用氣體較不易散發的深容器。

新鮮的山葵很昂貴，以伊豆的天城山中清澈的溪流中自然生長者為上品，以一根多少來計價，極為珍貴，有時一條甚至超過二〇〇〇圓。一般來說，約小指大小的要價一〇〇〇圓左右。這類山葵，是在距離庶民遙遠的高級傳統日本料理店，附在四片索價五、六〇〇〇圓的生魚片旁上桌。不過這種等級的山葵也是有壽司店使用，不能說完全沒有。只是這類地方，一顆壽司價錢亦高達一百圓到二百圓。亦即，如果是這種敲竹槓的壽司店，使用高級山葵也不會心疼。不過大部分用的是叫做「多摩物」的山葵，這是東京近郊多摩郡的農家大量栽種的副業產品，多半利用水田的田埂等空地種植。儘管栽培地有流水，但環境依然不像天城深山那樣，有清冽的溪流及低溫純淨的空氣，因此怎麼也種不出具備高雅香氣的山葵。當然，滋味也遜了一籌。多摩物的「薩瓦林」成分似乎比較多，苦味、辣味過強，自古就不是拿來用在壽司上的。有些山葵即使客人學饕客要求「多放一點」，放得再多也無甚滋味。無味到這種地步，身為山葵也毫無價值可言了。明明用的是這麼糟的山葵，有些店家卻會回應「山葵很貴的」，不肯多放，這算是哪門子江戶風？不論是壽司還是一般料理，都會用到山葵，這是因為山葵不僅能夠增添風味，還兼具消毒殺菌之效，因此最好能適量使用，不過孩童婦女，有時連男人都覺得山葵味道過於刺激，對它敬而遠之。這種時候，人們會要求「不要放山葵」。

據說要製作不放山葵，又讓人高呼「好吃」的壽司，極為困難。但前提是對方的味覺要夠敏銳。不放山葵的壽司，就只有海苔卷（包括干瓢、玉子、香物〔醃菜〕）而已。

自古以來，如果點海苔卷，江戶風的話，送上桌的就會是干瓢卷。但現在不同了，若是點海苔卷，師傅就會問：「要包些什麼？」海苔卷已經發展成廣納百川，也難怪師傅要先問上一聲。

這些包著別名「河童」的小黃瓜、奈良漬、海膽、淺漬等等的海苔卷，算是海苔卷的旁支，是依照客人的喜好製作的，不能算是正統的海苔卷。不明白這一點的現代師傅，若以為這種衍生出來的海苔卷也是傳統，那就太不用功了。不過有些壽司店還會開著廣播、電視、爵士樂，邊聽邊握壽司，這或許也是理所當然的趨勢。

有一次朋友家裡做壽司，邀我去品嚐，我欣然赴約，卻發現山葵不僅散發酒粕味，還有脆脆的口感，便問：「這山葵是怎麼回事？這不是醃山葵嗎？」朋友答：「嗯，是啊，因為這附近的蔬果店沒賣新鮮山葵，我老婆靈機一動，去醃菜店買了醃山葵回來搭配，不好吃嗎？」即使客套也稱不上好吃。而且這壽司居然是使用近年超市販售的簡易壽司器製成的。把米飯放入類似大阪壽司的盒子裡，將魚料置於飯上，用力一壓，便自動成形。這或許是因為外行人沒辦法像壽司師傅那樣輕易捏製出握壽司，這也就罷了，但說到山葵，這醃山葵真是教我舉雙手投降。這位夫人似乎不知道世上有山葵粉這種東西。用來做醃山葵的山葵，是山葵的根部長出來的嫩芽，由於會妨礙山葵生長，所以都捏掉拿來做醃菜，是不能拿來做為壽司用山葵的。

要分辨山葵是否高級，以粗目磨泥器一磨，放在舌尖上品嚐，不會粗糙鬆散，而是觸感飽滿圓潤，苦味及辣味輕盈純淨，不會殘留在舌頭上，就是上等貨，否則就是廉價品。

山葵如此重要，但許多壽司店對山葵缺乏正確知識的程度，教人訝異。其中儘管有些師傅能說出一套山葵經，但難得一見，更別說一般人，十個人裡面有一個人知道山葵就很難得了，因此這裡略述一下「山葵學」。

以下說明山葵的發源地、夙負盛名的伊豆山葵栽培方法，做為代表例子。

山葵是十字花科的多年生草本植物，在植物分類上與白蘿蔔和小松菜屬於同類，除自生於深山溪流外，亦可人工栽培。地下莖呈大圓柱狀，具有強烈的芳香及刺激辛辣味，因此被用做為辛香料。山葵的芳香與辛辣和生魚格外調和，因此是壽司與生魚片不可或缺的調味聖品。野生的山葵直接採收即可，人工栽培的山葵，需待山葵苗成長後，做為母株，上面會生出子株，採收時，可以將成長較佳的部分子株做為植苗預留起來。至於生長不佳的山葵，則當做山葵漬的原料，根莖一起切碎。最近似乎也有直接將長莖以米糠醃漬食用的產品。山葵的種植方式各地不同，信州地方是平面種植在田地，伊豆則是將斜坡開墾為山葵田，稱為「山葵澗」（ワサビ沢）。

信洲地方，多於梓川附近種植。山葵田位在河邊，河水自然流過，而非從上方傾注而下。伊豆則是種植於斜坡，讓上方的湧泉一階一階地落下，依序滋潤山葵。種植山葵，必須隨時有清水洗滌，否則無法成長。湧泉的水量和水溫，一整年必須幾乎穩定不變，這也是必要條件，但實際上這相當困難，一般到了雨季，水量便會增加，遇上乾季，水量便會減少，因此兩者差距愈小愈好。水溫則須維持在十度到十五度之間，氣溫宜涼爽，伊豆的天城山中正符合這些條件，能種植出高品質的山葵，故伊豆天城的山葵被視為正宗山葵，比其他地方的山葵昂貴許多。靜岡市附近生產的山葵也算是正宗山葵，但靜岡的一般比伊豆的要小上許多，價格也不及伊豆山葵。一流的壽司店和大型日式餐廳都使用伊豆山葵，不論是形狀或價格，皆是靜岡山葵所望塵莫及的。

信州山葵、多摩川山葵一般俗稱「バチ」，是非正宗之意。雖然並非正宗，但外形與正宗山葵極為相似。信州的產地在穗高附近、木曾福島一帶，年產額與伊豆的正宗山葵不相上下，可見得產量比伊豆山葵多上許多。同樣是非正宗山葵，多摩川山葵的[9]年產額就少了許多，品質也遜色不少。

伊豆與信州的最高級山葵，風味相差不大，但稱為「糊」（ノリ）的黏性卻有著天壤之別；在辛辣度上，也是正宗山葵更為持久，味道也更強烈。正宗山葵只要清洗乾淨，即使不削皮，磨出來的色澤依然翠綠清爽。但即使是信州山葵，只要稍微加熱一下磨泥器背面再磨，亦能磨出具黏性、更有辣味的山葵泥。正宗山葵若是以細目磨泥器來磨，黏性之強，甚至放入醬油裡面亦不容易化開，必須以筷子攪拌才能混合。有人說，山葵泥放入醬油，立時化開的才是高級山葵，但這是錯誤的說法。

將用剩的山葵放入小皿倒扣，碗底放些水，就能令辣味持久。

山葵和油菜花、白蘿蔔一樣，是花瓣為十字形的十字花科植物，但並非以種子繁殖，而是像地薯

編按9：羅馬拼音為bachi，此字是日文「場違い」的縮文，取前兩個音節而成。

一樣，靠根莖來增加數量。它的繁殖受到湧泉影響。湧泉不論天氣再寒冷，依然持續湧出，頗為溫暖，不會有凍結而無法流下的情形發生。

在斜坡種植山葵的方式稱為「伊豆栽培方式」，最底層排列大石頭，上面放中型石頭，再上面放小石頭，最上層以沙礫覆蓋，山葵苗就種在這沙中。流水一部分流至下層田地，一部分滲入沙石底下。每一層的寬度約三尺至四尺。

伊豆的天城山有適合山葵生長的湧泉，故能種出高品質的山葵。信州的穗高山葵得到北阿爾卑斯山溪流灌溉，木曾福島則是受到木曾川的清流眷顧。即使是同一處水澤地，植於中央的山葵味道比周圍的山葵更辛辣。這是因為周圍與中央的水流不同，山葵對水就是如此敏感。枯葉堆積，也會影響水流。據說這辛辣的山葵也有天敵，是一種蟹類。日語有句俗諺：「辣死人的蓼葉也有蟲愛吃。」也就是青菜蘿蔔各有所好之意，真的很有意思。有人說這種蟹是紅色的，就是被山葵辣成紅色的緣故，但當然不能當真。

伊豆的山葵田，是距今一五〇年前開墾而成，因為這個緣故，天城山的北麓地方特別盛行山葵種植。

山葵生長得很慢，從苗開始，必須等上三年才能採收，但現在約一年半就趕緊送上市場了，因此高品質的山葵愈來愈難覓得。山葵一年半約能成長為六．一公分（二寸）至十五．二公分（五寸）。伊豆生產的山葵，可達三十．三公分（一尺）長。一般來說，伊豆山葵成長得較好，信州、靜岡次之。天城產的山葵因為在石頭之間成長，形狀彎曲。不過據說野生的山葵也是彎曲的。

磨山葵時，避免故作優雅，近乎粗魯地全力以赴，才能磨出山葵的風味。大眾壽司店、蕎麥麵店及魚店賣給一般家庭的生魚片，附的都是用水調成的粉末山葵，但與真貨一比，便只有價格低廉可取，絲毫沒有真品的辛辣與香氣。

薑【しょうが】

除了山葵，壽司需要的辛香料還有薑。薑的現代日文漢字為「生姜」，古時寫作「生薑」。壽司界的行話叫「ガリ」，也就是酸甜味淡的薄薑片。

壽司店的薑，是以甜醋醃漬的薄薑片，和茶水一樣，用來清口，去除殘留在舌尖影響味覺的菜餚油脂，重新喚起對下一道料理的美味期待。有些人不吃壽司，說只愛薑片，甚至續了茶大嚼特嚼，教人不敢恭維。薑比辣椒、胡椒、山葵還要辛辣，是因為薑和其他食物一起食用的時候，會去除掉其他食物的辛味。

在從前——不過也只是戰前而已，是壽司店自行切薑片調味，各有各的工夫，但最近出現「薑片屋」，以機器削片，泡入大醋桶，再裝入塑膠袋販賣，或是上壽司店兜售。這種薑就像醃了糖精，口味偏甜，別說清口了，光咬上一口就教人生膩，連接下來的壽司都沒胃口食用了。用心的店家，會買來薑片自行調味，這還像話一些。因此每家店的薑片，味道不盡相同。有些店裝在容器裡擺著，有些店待客人坐定之後才端上桌，各有規矩，但也有些店只端出兩、三片，甚至有些店也不是忘了，卻不肯端上來。這種時候，就得自己開口要。因為有些人不吃薑片，這種人也不必管他，但薑片可以清口，吃壽司的時候最好還是配一下。

關於薑片的食用時機，舉例來說，吃了「光物」，接下來要吃鮪魚時，或是吃了鮪魚腹肉，接下來要吃玉子時，在食用種類不同的壽司中間吃上一些，便是薑片正確的食用方法。光物和海苔卷搭配生薑食用，經常可以增添壽司的風味。

生薑是從何時開始與壽司如影隨形，不甚明確，不過《古事記》中卷的「波士加美」，《和名抄》的「久礼乃波之加三」，指的就是生薑，並說明是古時自吳國傳入日本的。因為根部尾端赤紅，寫作「端赤」，讀作「ハジカミ」。不過《古事記》裡提到的「ハジカミ」，指的是山椒，而不是薑。

薑是多年生草本植物，高度可達六十公分（二尺），葉子類似竹子或蘘荷，交互生長。五、六月左右會發出新根，就像彎曲手指橫排一般。花呈淡黃色，形似蘘荷。原本產於熱帶，因此在日本不會開花，即使有，亦極罕見。

薑的用途除了為食材去腥，和魚類一起烹調外，也用於製作糠味噌漬、味噌漬、粕漬、砂糖漬等醃漬物上。此外，亦廣泛做為藥用，利於健胃。將生薑磨成汁，加入砂糖，也可治感冒、氣喘、袪痰。遭毒蟲叮咬時，以薑汁清洗傷口，覆上明礬及雌黃混合的粉末，便可以解毒。對於凍傷，則可用薑的根莖或葉子煎煮的汁液清洗。割傷、刺傷疼痛時，敷上嚼過的生薑，據說很有效。

有些師傅會在立食的客人離開後，將剩下的薑片放回薑桶，這實在太不衛生了。也許是覺得棄之可惜，但真希望他們戒除此種陋習。與其如此，倒不如一開始就少給一些，斟酌追加。將回收的薑片端給後來的客人，也太厚臉皮了——雖然是生薑的臉皮，而那客人也未免太倒楣了。

薑片最好不要太厚，但太薄也不行，最好是厚薄適中。太脆太生的也不好，這是未經「湯振」（湯ぶり）處理之故。

所謂「湯振」，是將削去外皮切成薄片的生薑，以攝氏六十至七十度、感覺燙的熱水澆淋，接著迅速過一下冷水，去除澀味。如此一來，便能消除腥味，令色澤鮮豔，同時口感亦會柔軟許多，是其特點。湯振之後，再以醋二、砂糖一的比例，加上少許鹽巴，調成甜醋浸漬，這是一般的薑片製法。若是省略這道程序，難得自家製作的薑片，也會風味盡失，客人吃了也不開心。

湯振的手法不只是運用在薑片上，不夠新鮮的魚類，比方說鯛魚、比目魚、鱸魚等，也可運用這道工法令色澤變得豔麗，肉質緊實，並提升滋味。不過魚和薑片不同，可不能放進甜醋裡浸泡。除了「湯振」之外，還有一種叫「霜振」（霜ふり）的手法，方法一樣，不過是用在去除不新鮮的「青魚」類腥味，如鮪魚、鰹魚、鯖魚類。

壽司師傅的修行，是倒茶三年、燉煮三年、捏壽司三年，如此累積經驗。當然，薑片的調味亦在其中。近年已進入自動化時代，一些師傅認為薑片買現成的就好，壽司也只要有個形狀即可，但這僅證明了他們沒有技術，壽司可不是只要有個樣子就行了。不過就是因為有些客人不講究，造就了此種劣幣驅逐良幣的情形。即使是路邊的壽司攤，也有手藝精湛的師傅提供美味的壽司。而這樣的地方，薑片也必定美味。

茶

吃壽司光配薑片，嘴巴不太舒服，因此出現了茶水，在享用美食上提供了莫大的助益。在壽司店說到「あがり」（有結束之意），指的就是茶。但關於這「あがり」的稱呼，卻有些疑問。師傅邊捏壽司，邊對顧茶的說：「上『あがり』囉！」這便是在招呼說「客人要吃完壽司了」。也就是「客人要回去囉」、「客人用完囉」。這種情況的茶，是指這時候茶也差不多喝完了，應該會想要再來一杯，給客人上第二杯茶的意思。

然而一些自以為饕客的人，誤以為茶就叫做「あがり」，一坐下來便說「給我『あがり』」，然後依序吃壽司。既然是「あがり」——結束，就應該吃個海苔卷做結才對，但因為是冒牌饕客，才會做出這樣的糗事來。畢竟是自稱壽司通的冒牌貨，也許是過於「あがり」——緊張了。

在壽司店，上的第一杯茶叫「出花」[11]，有時更禮貌地稱為「御出花」，不過似乎也沒這個必要。最後一杯茶則叫「あがり」。就像雙六遊戲[12]，起點叫「振出」，終點叫「あがり」。要是學行家裝內行，等於是一出發就到終點了。不懂的時候，直接說「茶」即可。但有時說「給我茶」，卻會遇上店家反問：「茶！『あがり』嗎？」明明是壽司店，卻毫無知識的話，就會出現這種反應。我還聽過一個誇張的例子，但不是壽司店，客人在某家食堂說：「請給我一杯水。」店員反問：「『御冷』（おひや，涼水）嗎？」「嗯，御冷也行。」於是店員朝著廚房喊：「Water一杯！」[13]不過就是杯水，實在不必假學問賣弄什麼「御冷」、「water」，簡直像是在叫客人丟臉。對於不內行的客人，就應該裝聾作啞。據說有個文化先進國的外國國王，與文化後進國的國王用餐，結果後進國國王以為最後上桌的洗指碗（finger bowl）裝的水是拿來喝的，一口喝掉，結果先進國的國王也學著一飲而盡。這是為了維護遠道而來的賓客面子，避免指出「欸，這水是拿來洗手的，不是喝的」，害人出糗。近來的師傅裡，沒有像這國王如此體貼的人，反而故意插科打諢，比客人還要難搞。

有些行家大師在書中提到，壽司店端出熱騰騰的茶，是為了讓客人耐心等待的聲東擊西作戰，但

譯注10：日語あがる亦有緊張之意。
編按11：羅馬拼音為「debana」。
譯注12：雙六為日本傳統紙盤遊戲，類似大富翁，依擲出的骰子數目前進，最先走到終點便贏。
譯注13：日語中亦使用外來語water來表示水。

這完全是誤解，事實絕非如此。壽司的油脂一定會殘留在舌尖，為了刷新味覺，品嚐下一道料理，需要一點一點地啜飲又濃又燙的茶，以洗去舌尖上的油脂。嚼薑片也是另一種清口方法。把刷新味覺說成聲東擊西作戰的行家大師，大概吃的都是統統十圓的大眾壽司，才能如此大言不慚。

即使是公認油分最少的「玉」（玉子燒的簡稱），舌尖仍會殘留油脂，遑論其他壽司更較「玉」來得油膩。用來洗滌油脂的茶水必須夠熱才行，因此會使用大而厚的茶碗。厚的茶碗即使端起來，也不會被裡頭的熱茶燙著，有雙重的功用。茶水就得要夠熱，如果變涼了，可以要求店家重倒熱茶。有些壽司店裝模作樣，使用薄茶碗，讓杯子燙得根本沒法拿，這樣的壽司店完全不及格。

壽司店的茶必須色香味俱全。將色香味俱全的茶，以適合的溫度端上桌，才是一家夠用心的壽司店。現在有愈來愈多的壽司店滿不在乎地送上味道淡薄的茶水，就宛如近來的人情，會混合三種茶葉，精心沖製茶水的店家愈來愈難得了。如果喝到的是把茶葉丟進熱水壺，轉個開關就流出來的茶水，連壽司都要為客人掬一把同情淚。泡出好茶，是壽司店的第一課。

談論壽司的人，會針對米飯、壽司料和捏法長篇大論，卻對茶水漠不關心。不只是茶，壽司附帶的一切，都必須是更進一步提升壽司美味的手段才行。

有人說喝玉露茶配壽司，肯定鮮美無比，但玉露配甜點沒問題，卻不適合搭配壽司。玉露這種茶葉，是摘取兩百年左右的老茶樹樹葉，手工製作，一貫（三．七五公斤）要價一萬圓或兩萬圓，不是一般店家用得起的。更重要的是，玉露茶本身難以言喻的甜味，會減損壽司的滋味。

我認識的一位靜岡茶葉的老闆嗅覺極為靈敏，說他只要嗅聞製好的茶葉，立刻就可以聞出這茶樹附近有梅樹、櫻樹或其他樹種。他說茶會敏感地吸收各種香氣。

從前江戶城有負責以茶水接待大名[14]的職位，叫「茶和尚」（お茶汲み坊主），每一個都理光頭。也許讀者在戲裡頭看過，像是河竹默阿彌寫的《天衣紛上野初花》裡的河內山宗俊，這個光頭角色的台詞便是「御數奇屋和尚宗俊……」，可以將他視為茶和尚的典型代表。在男性都梳髮髻的時代，為何唯獨招待茶水的人要理光頭？這是因為茶最忌油脂，即使只是少許的油脂，亦會讓茶的味道走調，因此端給大名的茶，絕不能沾染半點油脂。為了發揮茶原本的滋味，如果茶水人員也梳髮髻，手指不小心摸了頭髮，又不知不覺間觸摸茶器，就會讓油脂轉移到茶水。因此前面提到的靜岡茶葉老闆就說，他現在也絕不購買滿頭髮油的青年用手搓揉出來的茶葉。

茶與味道的關聯就是如此密切。在壽司店，最好避免特色過於強烈的茶葉，因此都選用東海茶（靜岡地方的茶），並且多使用茶粉。這是因為茶粉能比茶葉更快地釋放出茶本身的香味與澀味。但茶粉也有好壞之分，隨便篩下來的劣質茶粉缺少甘味，而且粗糙的茶粉在舌上磨擦，觸感實在令人不快。這種茶粉沒有滋味可言，僅有茶色。踏進糟糕的壽司店時，經常喝到這種有色無味的茶水。

京都的宇治茶澀味重、香味濃，而色澤獨到的埼玉縣狹山茶具有甘味，東海茶則是表現平均，為

譯注14：大名為江戶時代的武士階級，為將軍家直屬家臣，俸祿一萬石以上。

了避免影響壽司風味，一流的壽司店會從原產地購買這三種茶粉，混合製成茶水，這種店家提供的壽司可以說是頂尖的。據說壽司店的茶水人員必須修業三年，可見得這門工夫就是如此深奧。

真正瞭解茶水美味的客人不多，但也可以說，能端出美味茶水的店家如此稀少。有些店獨厚點酒配壽司的客人，將只喝茶的客人視為理所當然，這是因為點酒的客人帶來的利潤更高，這種店是不會重視茶水的。

薄利多銷的大眾壽司店也不重視茶水。因為他們服務的對象，是只要有茶喝就好的大眾紳士淑女。

壽司的行話

此章介紹的是享用壽司時，最好能知道的一些常識用語。這些詞彙只要瞭解即可，不需勉強使用。如果錯誤使用，有可能反而害自己出糗，因此不需急就章地背誦，不過知道一下也沒有損失。

❖ 鐵炮（てっぽう）：海苔卷的別名。因其外形有如鐵炮（長管槍）般細長。

❖ 舍利（しゃり）：米飯。源自於佛教用語「舍利」，因米飯形似火葬後的人骨。

❖ 光物（光り物）：生魚的一類，指鯽魚、竹筴魚、沙鮻等背皮發光的魚類。

❖ 玉（ぎょく）：玉子燒，煎蛋。是將玉子（雞蛋）簡稱為「玉」。

❖ 山（やま）：笹，竹葉的別名。因為取自於山上。

❖ 紐（ひも）：赤貝的外套膜部分。

❖ 木津（きづ）：干瓢。因大阪木津產的干瓢特別好。

❖ 嵯峨谷（さがや）：指魚鬆。典出和歌「嵯峨谷御室花吹雪」。其中「御室」音同魚鬆（おぼろ），便以此和歌前三字代稱魚鬆。

❖ 鮪魚腹（とろ）：鮪魚脂肪多的腹身。因其口感柔膩（とろっと）而得名。

❖ 漬（づけ）：鮪魚握壽司。以前的人都將鮪魚以醬油醃漬保存，便是取自醃漬的「漬」字。

❖ 脆片（がり）：因薑片嚼起來脆脆的（がりがり）。另一種說法是源自於把生薑像剉冰那樣用削片機嘎啦啦（がりがり）削片的聲音。

❖ 單相思（片想い）：指鮑魚。源自於俗諺「海邊的鮑魚單相思」。因鮑魚只有單片的殼。

❖ 隱付（隠しづけ）：握壽司中，將壽司料藏在裡頭的捏法。

❖ 草包（かます）：稻荷壽司使用的豆皮。因其形狀類似包東西的草包。

❖ 河童（かっぱ）：小黃瓜。一般認為河童嗜吃小黃瓜。河童卷是以小黃瓜取代干瓢製作的海苔卷。

❖ 柏（かしわ）：先將五目飯握成圓形，再以豆腐皮包裹而成的壽司。

❖ 片身付（片身づけ）：指小魚的單邊魚身剛好捏成一顆壽司。比方說新子——小的窩斑鰶，或小的竹筴魚。

❖ 一枚付（一枚づけ）：也叫丸付（丸づけ）。比片身付更小。比方說蝦子等剖開而成的一片。

❖ 二枚付（二枚づけ）：以兩片魚身捏成一顆壽司。

❖ 鞍掛（くらかけ）：將平貝（牛角江珧蛤）等剖開，蓋上書本似地捏成壽司。形狀類似放在馬背上的鞍。

❖ 下足（げそ）：墨魚的腳。下足（げそく）的省略。

❖ 葵（さび）：山葵（わさび）的省略。

❖ 珠（たま）：赤貝。因其貝肉的一部分渾圓似珠。

❖ 詰（つめ）：熬煮（煮詰める）的省略。用來塗抹星鰻、文蛤等煮物壽司料的濃稠醬汁。

❖ 生（なま）：指鮪魚、比目魚、鯛魚等生食的壽司料。

❖ 車庫（ガレージ）：指蝦蛄。因「蝦蛄」（シャコ）的讀法與日文漢字「車庫」（しゃこ）同音，轉以車庫的英文外來語（garage）代稱。是昭和以後才出現的行話。

❖ 嗨喲（ヤァとこ）：古時稱竹葉的隱語。當時流行一首叫〈伊勢音頭〉的歌曲，曲中有句吆喝是「沙沙、嗨喲」（ササ、ヤァとこせ），而「沙沙」與竹葉同音，故以下半句代稱竹葉。

漬【づけ】

壽司行話中，稱鮪魚為「漬」。這是因為德川時代不像現代有冰箱。從古時紀錄可以看到，東北地方的降雪地帶會保存冬季的雪塊，供夏季使用，現在也仍以雪代冰，所以可以看到有些冰店的招牌仍是寫「雪」。但江戶不知道如何運用雪，便想出了以醬油醃漬，防止鮪魚腐敗的方法，如此便可以保存兩、三天。稱它為「醬油醃漬的鮪魚」未免繞舌，便出現了「漬」（ヅケ）這樣的簡稱。然而，《讀賣新聞》有篇題為〈鮪魚〉的文章中，居然說「『漬』指的不是鮪魚壽司，而是剩飯的意思，與深夜吃『夜鳴蕎麥麵』[1]是同樣的心理」。文章裡沒有說明這剩飯之說從何而來。也許是從前人們會把即將腐敗的食物用醬油醃漬保存，是剩餘之物，這樣的觀念令這名記者進而聯想到剩飯，但這種解釋令人訝異。若說與吃夜鳴蕎麥麵的心理一樣，那麼連剛煮好的蕎麥麵都變成殘羹剩飯了，這樣的比喻實在古怪。記者似乎是把半夜肚子餓吃夜鳴蕎麥麵，與吃壽司填肚子的心理，和吃「漬」（鮪魚壽司）這回事混淆在一起了。如果照著這文章說的，連鮪魚都與剩飯同義了。現在冷凍技術發達，除非去到深山僻野，否則難得吃到醬油醃漬的鮪魚。這記者未釐清來龍去脈，道聽塗說，胡亂下筆，才會寫出這樣不通的文章來。

江戶時代的各種行話、切口和隱語，多是省略詞彙的上下字、或倒過來讀、或是近似物品的聯想，一些則是店名或吉利的名稱，因此都是相關的詞彙。

沒有鮪魚的時候，有些壽司店會以「黃肌」（キハダ，黃鰭鮪）來代替鮪魚，聲稱是鮪魚。有些人吃了也分不出差異。鮪魚和黃肌一樣都是鯖科魚類，但鮪魚冬季在南方，自初夏北上，前往北海

譯注1：一般說法認為，日本的麵攤以前會在夜間吹嗩吶，行走大街小巷攬客，故有「夜鳴」之稱。

道，黃肌則產自日本南方的熱帶海域，水域不同。兩者都可以拿來做壽司。黃肌不叫做「黃肌鮪魚」（キハダマグロ），而有各種別名：「志毘」（シビ）、「真志毘」（マシビ）、「糸志毘」（イトシビ）、「場志毘」（バシビ）、「張眼」（ハツ）、「本張眼」（ホンハツ）、「鰭長」（ゲスナガ）、「金鰭」（キンヒレ）。鮪魚的別名則有：「黑鮪」（クロシビ）、「目近」（メジ）、「柿種子」（カキノタネ），與黃肌不同。有些地方把鮪魚稱為「紅舌頭」（赤ベロベロ），應是來自於牠的色澤與形狀。由於食用時會以醬油澆淋盤上的鮪魚，所以也叫「淋醬油」（掛醬油）。如果剩下，就直接以醬油醃漬保存。這種時候，鮪魚不會切成生魚片狀，而是切成小塊。也有可能是一開始買的就是碎邊肉，所以才淋上醬油食用。江戶前的壽司店，有些也會用這些碎肉做鐵火卷。

詰【つめ】

塗抹星鰻或蝦蛄等壽司料的濃稠醬汁叫做「詰」（つめ）。這是將煮星鰻的時候剩餘的汁液，加入味醂和砂糖熬煮（煮つめる）而成，省略「煮」字，以「詰」做為行話。要讓這醬汁增添香味，可以將處理星鰻後剩下的魚骨烤過，再加入一同熬煮，是為祕方。

編按2：「黃肌鮪魚」的英文名是Yellowfin Tuna，指的是魚鰭為黃色的鮪魚，因此日本各地習慣用的地方名稱也會依外型來命名。
編按3：《萬葉集》的〈出雲風土記〉中以志毘、斯毘、滋寐、志毘魚稱呼黃肌鮪魚。
編按4：因為成魚的第二背鰭尖端似線狀。
編按5：日本稱大眼魚為「張眼」（Hatsume），取前兩個音節組成了「Hatsu」。
編按6：Gesu指的是足，而魚的腳就是鰭，取其外型稱作「鰭長」。
編按7：取自黃金色的鰭。
編按8：指幼魚，魚身小，因此魚口離眼睛很近。
編按9：指剛出生的魚形狀像柿子的種子。

壽司的捏製

從前不管是吉野的釣瓶壽司，還是江戶中橋的阿滿壽司（おまんがずし），都由婦女親手捏製。即使是現在，如果師傅不在，有時也會由妻子代勞。有些店家認為由婦人捏製壽司，可保生意興隆，因此不好批評什麼，不過感覺上壽司還是男人捏的才好吃。這是因為男女手部溫度不同，儘管沒有科學數據顯示精確的不同，但這是自古以來的說法。實際上，這些不同亦會反映在味覺上，非常奇妙。若是能提出科學實據，一定能以此拿到博士學位。

近年的壽司料大得不成比例，教人傷腦筋，但太小也一樣令人困擾。把玉子燒煎得厚厚的，從中間切開，像長屋[1]的屋頂似地蓋在飯上，未免古怪。好的壽司店，正式的玉子燒厚度應該約〇．六公分（二分左右）才地道。從前的壽司形狀合乎規矩，近來卻愈來愈隨便。如果這麼埋怨，店家會說：「大阪壽司比較適合你。」不反省自己的手藝差，居然滿不在乎地說這種話，實在教人目瞪口呆。

壽司擺盤時，從前京都大阪地區是以一葉蘭墊底。江戶也將一葉蘭運用在鉢盤、重箱[2]上，但後來改用山白竹葉。送人的壽司，則盛裝在白杉板盒子裡，這叫「笹折」（ささ折）。最近也有裝在塑膠容器裡的。盛裝壽司的容器，最好色調素雅，若色彩過於豔麗，會喧賓奪主，亦會影響壽司難得的美味。雖說料理當中，容器只是附屬，但運用時仍要詳加考慮。因此才會在色調搶眼的容器鋪上山白竹葉，好突顯壽司米飯的白，如此上頭的壽司料亦自然會被襯托出來。盛裝醬油的容器同樣必須精挑細選。

在壽司店，連盛裝最後一杯茶的茶杯都需經過細細思量。相馬燒[3]也許做工繁複精巧，但不太適合壽司店使用。各種色彩斑斕的杯子也不行。清爽的白磁杯，配上稍微用心才會發現的低調花紋，這樣的茶杯不會喧賓奪主，讓人專注在壽司的美味上。近來的壽司店，容器多是漆缽漆盤，但有些漆都剝落了還不更換，教人搖頭。這會嚴重影響食欲。有些鄉間的壽司店，在木盤上清涼地鋪設洗滌過的當季樹葉，再盛上壽司，令人激賞。這樣的風雅至關重要。

即使壽司捏得漂亮，擺盤不講究，仍是失敗的作品。色調應該詳加考慮，像是中間點綴一些白身魚，以避免全是鮪魚的紅。光是賞心悅目，就能令壽司的美味更上一層樓。宴席用的壽司，可以擺成菊花形狀，或主人家的家紋形狀，師傅能夠發揮巧思的地方，俯拾皆是。

傳統的擺法中，有一種叫做「杉形」（杉なり），就像堆米袋那樣，呈「品」字型堆疊。然後自

譯注1：江戶時代的連棟平房，供多戶人家居住，多為廉價出租房屋。
譯注2：多層漆器飯盒。
譯注3：相馬燒是島縣相馬地區所產的陶器。上面繪有奔馬，也叫駒燒。

大盤子上七、五、三地分盛到小碟子上，端給客人。還有叫做「山水盛」（山水盛り）的擺盤法，是將海苔卷放在最後面，接著從高級的魚類開始，依序往前疊上兩層。擺盤的時候，原則上赤身魚必須和「水引」[4]一樣，紅色放在右邊。伊達卷和粗卷則斟酌顏色，美觀地擺飾在中間。

近來有叫做「流盛」（ながし盛り）的擺盤法，是在一塊平台上，隨意擺上各種壽司。現在的壽司和以前不同，形狀變得細長許多，無法像米袋那樣疊成「杉形」了。鮪魚擺上三十分鐘，就會開始變色，擺盤的時候如果不用點心，遇上全是客氣不敢伸手的客人，色彩上會不太好看，故大型宴席時，必須將鮪魚擺在容易拿取的位置，這是壽司師傅的常識。

譯注4：日式禮袋或包裝上的紅白飾帶。

小鰭壽司

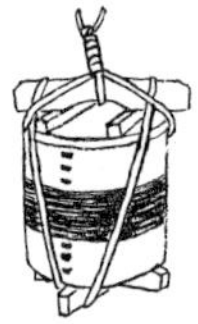

「小鰭」（コハダ，即窩斑鰶的小魚）被視為最風雅的食物。江戶晚期，兜售壽司的師傅會用手巾在頭上綁個吉原被（吉原かぶり）[1]，趿著草鞋，以清朗的嗓音喊著：「壽司，小鰭壽司！」沿街叫賣。甚至有人編出前面提到的俗謠：「欲誆和尚使還俗，瀟灑叫賣鰶壽司。」若是不在這時候叫住：「賣壽司的、賣壽司的！」吃上一份，就不算壽司通，甚至人家還要虧你不算江戶子。

有一類說書、戲劇的題材叫「小平次物」，描述小鰭壽司的師傅小幡[2]小平次遭人殺害，出來作祟。小平次即使陰魂不散，仍一樣繼續賣著小鰭壽司，敵人上門來品嚐，正要拿取付台上的壽司食用，壽司卻倏地消失不見了，直教人毛骨悚然。小鰭壽司流行到這種程度，甚至創造出這類虛構故事。有句話說「怕鬼還吃什麼小鰭壽司」，就是用雙關語影射這小平次。

在沒有冰箱的時代，鰶魚大豐收時，便會大量收購加以貯藏，為了維持其鮮美，會先去除內臟，加上醋和鹽巴，放入甕裡醃漬密封，置於簷廊下等地方，使其吸收地氣。

小鰭是一種「出世魚」，名稱會隨著成長而改變，四．六公分（一寸五分）大小的時候，叫做

「新子」（しんこ）；六到九公分（約二、三寸），叫做「小鰭」（コハダ）；再大一點，叫做「中墨」（中ずみ），到了十五．二公分（五寸）以上，就叫做「鯽」（コノシロ）（即窩斑鯽）。春季至夏季是產卵季節，到了秋季，便有新子上市。新子一般都以「二枚付」處理，即用兩片魚身捏成一顆壽司，這時的味道清爽，因為脂肪不多，滋味不濃。到了十一月，變成小鰭以後，有了脂肪，味道亦變得濃郁美味。再大的話，便進入產卵期，滋味不佳。因此在過去，東京夏季吃不到小鰭。現在有來自各地的小鰭，全年皆可品嚐到。

譯注**1**：一種手巾披法，將手巾折成兩折，置於頭頂，兩端綁在髮髻後方。

譯注**2**：小幡與小鰭同音。

壽司料理師

三年出茅廬，五年左右手，七年啟程去——這段話道出了壽司店師傅的修業過程。前面三年是修行，到了第五年，才允許站在付台角落拿起菜刀。只有在師傅招呼「幫忙一下」時，才能擔任師傅的左右手，施展本領。接下來只需再忍耐個兩年，到了第七年，便可以帶著一把菜刀，踏上旅程，雲遊日本全國——不，即使去到外國，照樣可以擺出大師架勢說：「捏壽司就包在我身上！」這樣的壽司師傅，現在稱為「壽司料理師」，只有通過國家考試的人才能取得執照。

料理師首先從處理鯽魚開始，學習醋醃竹筴魚、鯖魚、沙鮻等「光物」，以及燉煮星鰻和蝦蛄、處理生魚、製作卷壽司等基本技術。這段期間，還要練習泡茶、製作薑片、跟著前輩上魚市場採買等等。初出茅廬的前三年，做的是這些事情。

練習捏壽司時，如果一開始就真的拿白米飯和壽司料練習，等於是玩家家酒，浪費食物，因此是使用裁成小片的溼布巾來學習捏握的手法，然後再用豆腐渣練習。再下一個階段，則是趁著不挑剔的鄰近熟客上門時，實地練習捏製。如此修練個兩、三年，通過料理師考試，便可成為獨當一面的師傅了。出師之後，可以加入稱為「部屋」的料理師協會。接下來不管是要啟程去別處，或是在一家店穩定下來，都看各人自由。若是離開，容易養成不斷追求更好環境的癖好，無法在一家店長久待下去。即便店家提供相當不錯的待遇，應該好好穩定下來，似乎多半還是會選擇繼續流浪。其中有些人攢了錢之後，會在遠離大都市的土地自己開店，提供地道的壽司給沒有嚐過的人。近來的壽司料理師即使才二十二、三歲，只要本領夠好，似乎也可以領到相當優渥的薪資。不過這種時候容易自鳴得意，開始墮落。也是在這種時候，會甘於領月薪的生活，失去衝勁。

料理師的職人性情

因為捏的是江戸前壽司，料理師裡頭不少人具有江戸子性情。昭和時代在兩國頗負盛名的与兵衛壽司，因為老闆是不折不扣的江戸子俳人小泉迂外先生，如果隨便亂說話，會被他駁得狼狽萬分。不知其性情的顧客上門，遂有了以下對話：

「師傅，替我捏個『シラウオ』（白魚，即銀魚）。」

「不好意思，沒有了。」

「沒有？今天的單子上不就寫著嗎？」

「噢，你說這個嗎？這不是『シラウオ』。」

「明明就寫著『白魚』，不叫『シラウオ』叫啥？」

「這個嗎？這是叫『シラオ』的魚。咱們這裡有賣『シラオ』壽司，但沒有『シラウオ』壽司。」

江戸子把白魚稱為「シラオ」，鰹魚也異於一般的稱呼「カツオ」，叫做「カツウ」。這段對

話，無疑反映了江戶子對時代潮流的抵抗及哀愁。不過有時候也是遇上討厭的客人，才會忍不住像這樣抬槓幾句吧。

接下來的例子不是与兵衛壽司，但一樣是江戶子的親仁先生掌廚的壽司店，有個囂張的客人說：「給我鮪魚腹肉，山葵記得多放點。」

親仁先生應著：「好喲！」端上鮪魚腹肉壽司。

客人吃了一口，喊道：「哇，辣死人啦！叫你多放點，但這未免太多了吧？」

「你說要多，我這不就遵命了嗎？誰叫你班門弄斧，交代什麼鮪魚腹肉山葵要多。鮪魚腹肉的山葵應該放多少最好，壽司師傅難道還不知道嗎？」一番話說得客人啞口無言。

拿壽司蘸醬油的時候，米飯掉進醬油裡頭，客人自言自語埋怨道：「這壽司也捏得太鬆了吧？」結果被耳尖的親仁先生聽見，他可無法悶不吭聲：「你都讓壽司在醬油裡頭游泳了，還能不掉飯嗎？」

以前是有這種頑固性情的師傅的，他們有種「是我招待你壽司」的心理。但也因為如此，這樣的師傅捏出來的壽司極為美味。現在仍有些料理師，儘管有十足的資本和本事自己開店，卻說：「我呢，想要一輩子就專注地做個捏壽司的師傅。只有本事不夠當師傅的人，才會開什麼店。」真想嚐嚐這類宛如壽司化身的師傅捏出來的壽司。

壽司與客人

對於前述的壽司料理師製作的壽司，現代的顧客站在品嚐的立場，又是作何感想？我在壽司業界進行了一次問卷調查，雖然不能算是網羅了壽司愛好人士全部的意見，不過還是做為代表，再次收錄於本書。

○希望美味的壽司可以更便宜些。（石井庄司）

○希望不要一次捏兩顆，而是一次一顆。（大迫倫子）

○希望師傅不要邊捏壽司邊說話，口水會噴到食物。不要供酒，壽司就該配熱茶。（川島四郎）

○舍利要煮得好。食材首重新鮮。（木村毅）

○季節到了，卻沒有提供鰹魚壽司，教人失望。（草野心平）

○想吃到只蘸抹少許醬汁、醬油的壽司。（竹內薰兵）

○醬汁好，舍利少。（戶川幸夫）

○我討厭醋味太嗆的舍利。（富澤有為男）

○故作風雅，太小顆的壽司，教人不敢恭維。（長田幹彥）

○希望對熟客和生客都一視同仁，提供相同的壽司料。（濱本浩）

○好醋、好舍利。（松島詩子）

○飯糰小，魚料大。（南川潤）。

○最好有新鮮蔬菜搭配壽司。（三好良三）

○東京沒有好吃的鯖魚壽司，關西的握壽司也難以下嚥。（向井潤吉）。

○想嚐到貝類、菇類製成的珍奇壽司。（武者小路公共）

○貴得嚇人的壽司值得商榷。受到大眾喜愛、品質好，才是壽司原有的模樣。（村井米子）

○絕妙的醋飯，對上酒客舌頭時的感動。（村田周魚）

○想吃到嶄新的魚類壽司。（山根壽子）

接下來是對壽司店的要求：

○師傅盛氣凌人的店，再好吃我也不想上門第二次。（川上三太郎）

○捏壽司的人戴戒指，這太不衛生了。也應該避免把飯台搞得溼答答的。（川島四郎）

○沒有蒼蠅的店。希望捏壽司的人不要碰錢。（魚返善雄）

○不想看到鬍碴沒刮、嘴裡叼菸的人在捏壽司。（佐野周二）

○希望標明一顆壽司多少錢。我曾經交給師傅上菜，皮差點沒被剝光。（白鳥省吾）

○手要洗乾淨。（末廣恭雄）

○環境要衛生。（杉狂兒）

○遇過提供吸物（清湯）的店家，這實在太荒唐了。（高橋義孝）

○希望讓客人愉悅地享用。（太宰施門）

○門口的短簾髒汙、捏壽司的人兼結帳員，這種店我絕對無法容忍。（中山光彥）

○第一要衛生，第二要衛生，第三還是衛生。（深尾須磨子）

○有些店換了個師傅，品質也變了個樣，傷腦筋。（福島慶子）

○店面太大的店，很少會好吃。（真鍋和子）

○痛恨對客人擺架子的店，捏壽司的人戴手錶，看了讓人倒盡胃口。（三宅巨郎）

○壽司師傅裡頭，有些人對客人莫名踞傲，惹人不快。客人裡頭，也有些人誤以為受到店家簡慢對待才算「壽司通」，可悲可嘆。（山內義雄）

從以上的回答可以看出，顧客的喜好五花八門。我前往拜訪東京壽司料理師大本營「三長會」的辦公室，裡頭掛著身為壽司料理師應遵守的信條：

酒品好，技術佳，重衛生，有定性，守常識，善應酬，不戴眼鏡，儀表堂堂，不分年齡注重儀容，服裝整潔，口才便給，言辭謙和，御下有方，品味新穎，不吹噓，能守時。

這是在呼籲壽司料理師最起碼要恪守這些內容。之所以列出「有定性」，是因為三長會也負責為壽司店仲介料理師，而就像前面的問卷回答也提到的弊病，有些壽司店換了料理師，連壽司的味道都跟著走調，這確是實情。「不吹噓」應該是針對有些師傅「對客人莫名踞傲」。不戴戒指和手錶、勤洗手，都包括在「守常識」裡頭。

除了三長會以外，還有料理師會，而且也有些料理師不曾加入這類組織，因此每家店的待客之道都不同，但讓客人能夠愉悅地品嚐美味的壽司，才稱得上真正的待客之道。注意事項中的「儀表堂堂」，也是為了讓客人看了舒服。

有些了不起的大師，對前述這些來自五花八門客層的要求嗤之以鼻，表示：「我才是壽司通，對壽司的任何問題，都交給我來解惑吧！」並寫了指南之書，教導世人如何品嚐到美味的壽司。裡頭固然有許多值得洗耳恭聽的地方，卻也有令人大惑不解之處。這裡就以這位大師做為壽司通的大代表，轉錄一下其指南全文：

這裡傳授各位一個可立時分辨一家御壽司店是否美味的訣竅。

劈頭便展現十足大師風範，還極有教養地在壽司店上加個「御」字，太令人肅然起敬了。眾壽司店，起立，敬禮！

這個訣竅，就是稍稍掀開短簾，探頭看一下握台。有些壽司店，握台上置有玻璃帷幕，裡頭炫耀似地擺著鮪魚、蝦子等各種魚料，看到這樣的店，可千萬別踏進去。像這樣預先準備好壽司料，以便隨時捏製壽司，對師傅來說是很輕鬆方便，但對客人來說，最重要的鮮魚美味早已全部流失殆盡。相反地，握台上空無一物，收拾得乾乾淨淨，這樣的店就可以安心入內享用。

堂堂饕客大師，居然將「付台」說成了「握台」。用來擺放完成的壽司的台子，因為是放上「付物」（付けたもの，捏好的壽司），所以應該叫「付台」才對。如果說「握台」，那應該是料理師使用的砧板。不過也許大師認為既然是放握壽司的台子，就該叫「握台」吧。

而玻璃帷幕是戰前沒有的東西。據說是因為有玻璃隔開比較衛生，才會逐漸演變成如此。把食材陳列在裡頭，頗為美觀，但確實會影響魚的鮮美。不過這年頭每家店都搭上這樣的風潮，上門的客人如果不知道食材叫什麼名字，可以隔著玻璃直接指著說「替我捏這個」，因而流行開來。要找到付台收拾得乾乾淨淨的店，反倒是難事一樁，真要認真去找，可能會找到三更半夜，趕不上末班電車回家，即使說得懷著在外過夜的覺悟去找，也絕非誇張。根據這位大師的說法，在這偌大的東京，裏銀座一家昂貴的壽司店中田，是唯一一家沒把魚料擺出來的店，所以舉了它為例。

還有，從短簾探頭一看，就能看到付台，這只有在初夏的時候，到了冬季，店門都緊閉著，難以窺覬。大師參觀的時候，是門口大開的時節，想來外頭的沙塵都朝著店裡長驅直入，這樣的店家，最好根本不要踏進去。

客人點了想吃的料，再從冰箱取出鮮魚，切上一片或兩片，當場捏製上桌，如此一來，魚的鮮美就沒有機會溜走，完全保留。

這話大師說的倒是沒錯。況且比起直接切下陳列在台上的魚，特別從冰箱裡面取出，感覺更要鄭重其事許多。光是這樣的特別感，就能替味道加分。只是生意興隆的店家，根本沒空將魚料一一收入冰箱，所以只要尋找生意好的店，即使不必掀門簾、看付台，也可以吃到美味的壽司。此為訣竅之一。

近來有種不良風潮，大部分的壽司店，都會一次捏兩顆壽司給客人。這是師傅不瞭解，其實在吃第一顆的時候，第二顆的滋味已經逐漸變質了。從這個意義來說，我厭惡一次捏兩顆上桌的店家。壽司這種料理，滋味就是如此稍縱即逝。

這番話我也贊同，而且有時候並不想一次吃上兩顆。壽司料理師（師傅）並非不瞭解滋味的變化，而是明知道卻這麼做，理由有很多，像是可以多賣一顆，或是一次吃兩顆，會比單吃一顆更能突顯該種壽司的味道等等，因此師傅那理所當然一次端兩顆上桌的樣貌，都是裝出來的。如同大師所說，壽司的滋味稍縱即逝，如果第一顆的味道是十分，第二顆就是九分，如果間隔太久，也有可能變成七分或五分，所以應該要連續品嚐。但也不必狼吞虎嚥，照平常的速度食用就行了。要明顯地察覺到不新鮮，除非是在兩顆之間抽了根菸，或是聊得太忘我，這些都是禁忌。這稍縱即逝的滋味會明顯變質的情況，大部分都是鮮魚和煮物，還有因為付台有斜度，導致第二顆星鰻壽司上的醬汁淌落下來，這些是最為折損美味的。

但蘸醋的壽司卻是相反，反而能增添滋味，像鯽魚壽司、竹筴魚壽司等等，比起第一顆，第二顆的魚味更能滲透舍利，更加美味。這位大師說，所有的壽司味道都會變差，反而曝露出此大師其實根本稱不上壽司通的事實。

如果不想一次吃兩顆，單點一顆就行了。並沒有規定說非吃兩顆不可，只要預先聲明，師傅就會只捏一顆。

就是有這種半吊子壽司通大師胡亂指導，不明就裡的門外漢才會被攪得頭昏腦脹，實在教人頭疼。眾壽司店，起立，敬禮，解散！

阿滿壽司【阿滿がずし】

德川時代出版的《江戶名物詩》（天保七年，一八三六年）裡面提到，上槙町（日本橋南通四丁目）新道，紀伊國屋藤右衛門的阿滿壽司在當時風行一時。

何歲初開鮓屋店（這家壽司店不知於何時創始）
連綿數代市中鳴（延續數代，在江戶赫赫有名）
海苔玉子鹽梅妙（海苔卷和玉子壽司滋味絕妙）
知是女房阿滿情（因是出於老闆娘阿滿的妙手）

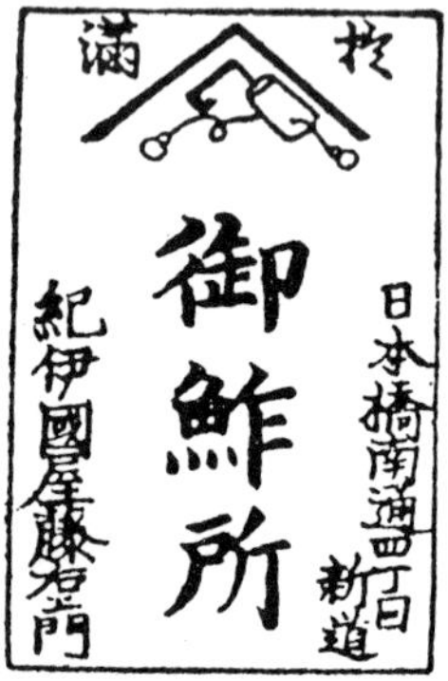

由此詩可以看出，這家店應是名叫阿滿的老闆娘捏製壽司而開始的。老闆娘阿滿因為肖似當時的

戲子瀨川路考所扮演的女角，在這方面亦豔名遠播。

柳亭種彥[1]的《江戶塵拾》第三卷（文政六年，一八二三年）中提到它是「京橋與中橋間之壽司名店。江戶府童子見雲朵上之豔紅夕照，皆唱：京橋中橋阿滿紅。阿滿壽司之名，便是由來於此。寶曆初年之壽司店長兵衛，是此店始祖」。這段文字證明了阿滿壽司店所在的上槙町位在中橋附近，在整個江戶市中赫赫有名。聽到「阿滿紅」，有人認為可能是賣口紅的，但口紅的話，日本橋旁的柳屋才是名店，阿滿的店並沒有賣口紅。阿滿是個大美女，甚至長得肖似路考，其美貌令孩童看見傍晚雲霞轉紅，還會唱起「阿滿紅」。這家店自寶曆年間創始，出名之後，歷經明和、安永、天明、寬政、享和、文化、文政等年代，但中間沒有太多傳聞逸事。文政時代的川柳提到它的名字，顯示它有多麼遠近馳名：

不論鳥飼或壽司，找阿滿包準不錯　樽七二

以為是麻糬店，不想阿滿是壽司店　樽七四

譯注1：柳亭種彥（一七八三～一八四二），江戶後期的劇作家，與浮世繪師歌川國貞合作的草雙紙《偐紫田舍源氏》令其聲名大噪，為當時極負盛名之草雙紙作家。

鳥飼是日本橋本町三丁目一家叫鳥飼的糕餅店，代指它販賣的「和泉饅頭」[2]；而饅頭簡稱「阿饅」，是一語雙關，同指「阿滿」（おまん）和「阿饅」（おまん）。

与兵衛壽司【与兵衛ずし】

与兵衛壽司這家壽司名店，在向兩國元町的國技館附近一直開到戰前。始於寬政時代，賣的是握壽司，老闆名叫与兵衛，直接以名字做為字號。此店晚期的老闆是俳人小泉迂外。

流行鮓屋町町在（江戶各地都有流行的壽司店）
此頃新開兩國東（這次兩國東邊開了家新分號）
路次奧名与兵衛（是巷弄深處的与兵衛壽司，滋味絕妙）
客來爭坐二間中[3]（店面只有二間大，因此客人皆爭相搶奪座位）

由此詩可以看出，与兵衛壽司從寬政時代就有了，在東兩國開的是新分號，店面也很狹小。另外還可以看出因為好吃，客人絡繹不絕。當時握壽司還很稀罕，應該也是原因之一。文政時代的川柳則提到：

當今第一押得好　當推松公与兵衛

「押得好」除了日文原義「有實力」之外，「押」亦雙關「押壽司」之意。當時知名的還有安宅的松壽司，因為這首川柳以人名的与兵衛為例，故稱松壽司為「松公」，以做為對比。

安宅松壽司【安宅松がずし】

地點在深川御船藏前六間堀，所以是現在的江東區新大橋三丁目，現在還有叫做六間堀的河渠。御船藏這個地名，是因為那裡曾是德川幕府的官船安宅丸停放的船庫，現在已經變成倉庫。那一帶也叫做安宅河岸，故俗稱「安宅壽司」，其實原名叫「砂壽司」（いさごずし），另名「松壽司」。這處

譯注2：日式饅頭是裡面包甜餡的甜點。
譯注3：間為日本舊時尺貫法的長度單位，一間約一．一八一公尺。

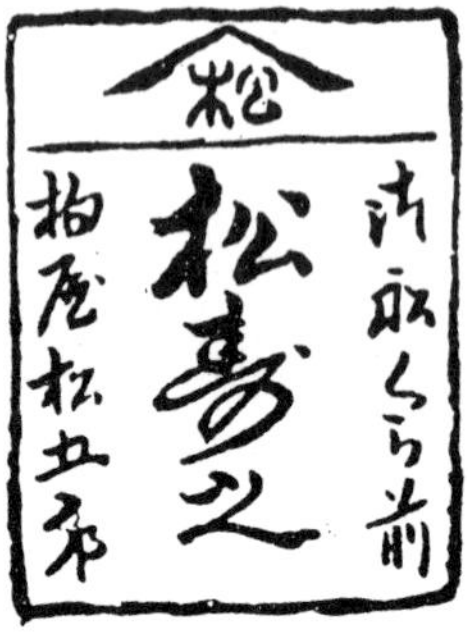

船庫的附近，在德川時代是風月場所，為私娼窟所在地，有許多遊客造訪，因此好吃的壽司自然會出名。《江戶名物詩》也提到這家店，盛讚：

本所一番安宅酢（本所最出名的就是安宅壽司）
高名當時莫可並（盛名當時無人能出其右）
權家進物三重折（這裡有三層壽司禮盒供人進貢送禮）
玉子如金魚水晶（裡頭的玉子壽司就像泉水中的金魚，亦如明月〔水晶的別名〕一般美麗）

此外，松壽司的壽司似乎人人都愛，有首川柳便說：

三聖皆讚　美味莫若松壽司

有個譬喻說「孔子說酸，老子說甜，釋迦說苦」[4]，感受殊異，三者卻齊聲稱讚松壽司好吃，足見得世人對松壽司的推崇。

松壽司萬民品嚐玩味
獻祭荒神首推松壽司

就好比廚房裡的神明是荒神，一家之中的荒神，就是「嬶大明神」——太座，因此做死鬼的回家時得買個松壽司奉上，以討太座歡心。這樣的貼心舉動，一看就知道是為了掩飾心虛，這死鬼不是去一目弁天（即本所江島的杉山神社），就是去御船藏前的風月場所廝混回來。此外，一般都以松枝供奉荒神，這也是一語雙關。

貓兒一口吞掉一分松壽司
遠道自常盤町來買松壽司
精打細算就免了吧松壽司

這裡說的貓，也不是真的貓，而是指本所回向院前的娼妓，俗稱金貓、銀貓。在娼妓央求下，客

譯注4：典出《三聖吸酸圖》，為常見之東洋畫題材，畫的是孔子、老子、釋迦同嚐酸醋「桃花酸」，味道雖同，三者卻有不同感想。亦有其他解釋，認為三者同為酸醋蹙眉，表示宗教不同，但真理只有一個。同樣的題材，有些畫的是蘇軾（儒）、黃庭堅（道）及佛印禪師（佛）。

人大手筆掏出一分[5]金子買松壽司，卻一眨眼就被吃得精光。因為實在太好吃了。

常盤町也是風月場所，為「深川七場所」之一，在新大橋附近。光看這句川柳，似乎是大老遠跑來購買，但其實這兩地比鄰，這是將相關的吉祥詞「松」與「常盤」[6]放在一起吟唱，取其趣味的作品。最後一句則是說，客人說：「我請妳吃松壽司，今晚給我個好答覆吧？」卻被女人回絕：「這麼精打細算的，免談。」不論哪一首作品，都可以看出對松壽司美味的推崇。天保以後，松壽司的店面遷移到淺草第六天榊神社前，也在吳服橋外開了分號。

蛇目壽司【蛇の目ずし】

根據嘉永年間（一八四八～一八五四）出版的《江戸流行細見》裡的紀錄，蛇目壽司的店址位在本所二目及瓦町，慶應（一八六五～一八六八）年間版記載的店址則是東兩國和常盤町。本所二目是前面提到的安宅壽司所在的六間堀出口處的竪川筋上的橋，從現在的地圖來看，是江東區高橋二丁目一帶。瓦町則是台東區淺草橋三丁目五番地一帶。東兩國在墨田區東兩國四丁目的兩國橋電車道旁，常盤町於慶應年間是在新大橋附近，但因為火災，整個町遷到了森下町南邊。現在仍有叫常盤町的町。蛇目壽司的店就開在這四個地點。文政七年（一八二四）的《江戸買物獨案內》的〈飲食之部〉

中則是寫「大傳馬町二丁目○壽司，八百屋太兵衛」。也許是從大傳馬町遷到兩國的。

精彩絕倫　蛇目後方河東節（文化）

「河東」與「加藤」同音，肥後熊本藩主加藤清正的家紋就是蛇目圖案「○」。同時亦雙關河東節[7]知名的戲碼之一《助六由緣江戶櫻》裡的角色助六所拿的蛇目傘[8]。助六那場戲，妓樓的舞台布景後方，有太夫[9]吟唱著河東節，所以是在讚頌這家壽司店，宛如拿著蛇目傘的助六後面有演奏河東節的太夫在伴奏壯聲勢一般。

譯注5：分為江戶時代的貨幣單位，為四分之一兩。
譯注6：常盤指永恆不變的岩石，或冬季常綠的樹木，有恆久不變之意。
譯注7：河東節為淨瑠璃（以三味線伴奏、太夫唱詞的表演形式）樂曲之一，現為重要無形文化財。
譯注8：以傘尾為中心畫上一圈粗圓圖案的油傘。江戶時代廣為流行。
譯注9：三味線的伴奏人員。

翁壽司【翁ずし】

位在上野廣小路東側，翁屋新助家的壽司。以下的川柳提到這家店：

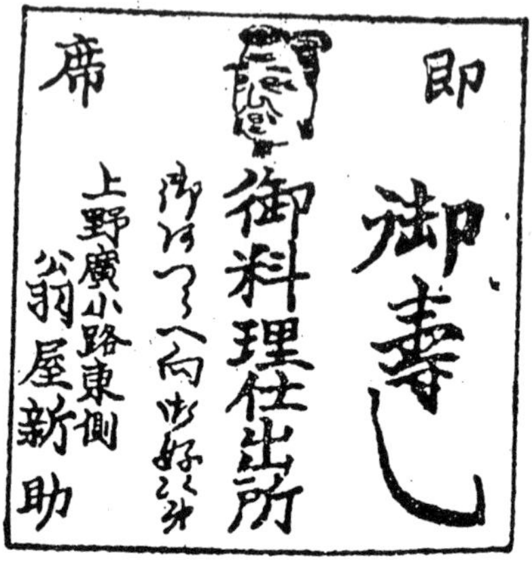

走吧　帶上翁壽司禮盒
觀看元旦翁能劇　必攜之壽司

由於字號叫「翁」，可以想見新年期間做為贈禮，肯定大為熱銷。江戶人在日常生活中，少不了文字遊戲和諧謔玩笑。像是給久病的人探病時，也會戲稱「翁」（音同「起きな」，「起來」之意），取其復興之意。探病的時候，翁壽司一定也是上選贈禮。

通壽司【かよいずし】

《江戶名物詩》以「吉原的通壽司」為題，收錄了一首詩：

吉原名物兩三種（吉原有兩三種名產）
通鮓此頃製尤奇（通壽司雖然最近剛開，但十分稀罕）
遊客通來多喰晝（許多遊客前來品嚐）
樓中首尾十分宜（店裡經營必定十分得當）

這家「通壽司」是吉原仲町裡的壽司店，專門外送壽司到茶屋和妓院。歌川國直[11]所畫的插圖裡就有通壽司，可以看出當時的店面。這家「通壽司」亦標榜「御膳」，主要販賣壽司，但似乎也有其他料理，招牌上有四季豆、座禪豆[12]、鯽魚昆布卷、鴨肉年糕湯等等。這裡賣的應是押壽司，櫃台圍柵裡，正用天花板懸掛的鐵製重石壓製。店頭在切壽司，有人捧著盒子裝的壽司。此外還有個年輕人在

譯注10：日本傳統演藝「能樂」裡，有齣新年期間必定會上演的特別喜慶演目「翁」。
譯注11：歌川國直（一七九三～一八五四），江戶晚期的浮世繪師。
譯注12：座禪豆即甘煮黑豆，據傳有止尿效果，為僧侶在座禪時食用，故有此名。

搬運從盒中取出盛盤的壽司，裡頭則有師傅正在給灑上醋的舍利搧風，是一張頗為罕見的風俗畫。其他的圖裡畫有銀魚，看來銀魚壽司在當時是最為珍奇的。

以下的壽司店出現在文政七年（一八二四）的《江戶買物獨案內》，有些並非壽司專賣店，但姑且記錄之。

玉壽司【玉ずし】

翁屋庄兵衛的店，位在本石町通十軒店。這裡販賣的「稻荷壽司」在文政時期相當有名。當時稻荷壽司似乎被視為下等食物，既然能熱銷，自有其一番道理。十軒店以前是「雛市」[13]的所在地，各路江戶人士聚集於此，是人潮匯聚之地，因此店家打的生意算盤，應是為吃不起一般江戶前壽司

譯注13：販賣三月三日雛祭（女兒節）的人偶、飾品等等的市集。從二月底開到三月二日。

的人，提供便宜的稻荷壽司。即使人們瞧不起，「哼，誰要吃什麼稻荷壽司」，但只要便宜又好吃就好。一旦打響名號，即使是平常只吃江戶前壽司的顧客，也會想來嚐鮮一番。以前的十軒店雛市規模盛大，甚至名列江戶知名活動之一，現在十軒店雖然只剩下一家雛人偶店，蕭條許多，但當時正如同其地名「十軒店」，共有十家大店，加上數家小店，開起市集的日子，熱鬧滾滾。這家店在本石町往大傳馬町拐彎過去的地方。

釣瓶壽司【つるべずし】

此店標榜「元祖御膳壽司」。「御膳」二字，相對於立食的大街攤販及走販而言，指的是可以送至宴席場合、坐在屋子裡吃的壽司。此外，江戶時代沒有師傅上門到家裡捏壽司這回事，因此也指用容器盛裝訂購的壽司送上門。日本橋通四丁目吉野屋及久藏的「釣瓶壽司」，據傳就是這種做法的始祖。店名是來自於戲劇《義經千本櫻》裡吉野的釣瓶壽司。日本橋通四丁目，與阿滿壽司是同一個地點。阿滿壽司賣的是握壽司，吉野屋賣的則似

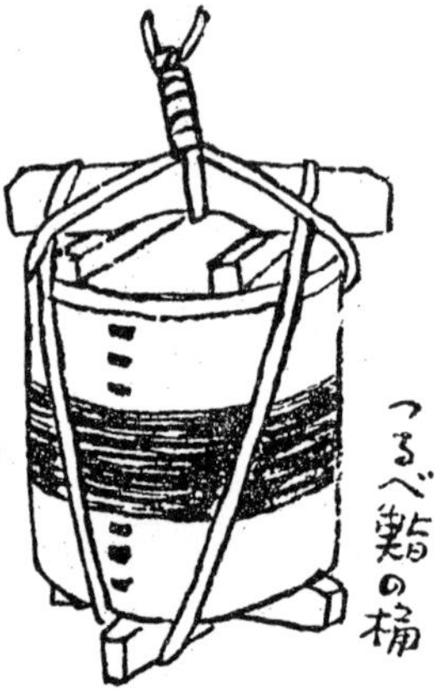

乎是關西式的壽司。

江戶時代招牌上標榜「御膳」的壽司店，賣的是江戶前握壽司，但也指訂購後送至宴席上，以立即食用的壽司。前面提到的本石町翁屋玉壽司，招牌上亦有「御膳」二字。因為是稻荷壽司，宜於送禮或自用。

大和壽司【やまとずし】

櫻田久保町的翁屋勘七開的店，一樣標榜御膳。櫻田久保町是現在的港區芝虎之門往神谷町走，電車路的左側，現在愛宕山後面還有西久保巴町，旁邊有叫西久保櫻川町的地名。

拔毛壽司【けぬきずし】

據傳是因為仔細地用拔毛夾（即「けぬき」）去除魚的細刺，故以此做為店名，也叫「笹壽司」。以竹葉包裹壽司後，放入桶中，以重石壓製，一個售價十六文。因為包了竹葉，方便攜帶，故而流行開來。日本橋人形町竈河岸（へっつい河岸）的拔毛壽司歷史悠久。京橋鈴木町肴店的「富士屋利八」（ふじや利八）的店就不標榜「笹卷」，而是在招牌上打出「拔毛壽司」名號。鈴木町是現在的京橋與日本橋的電車路後面的町，相當於京橋二丁目三番地一帶，進入俗稱「豆店」的巷弄之地。

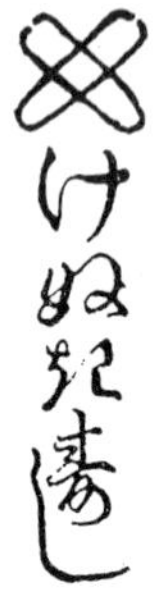

長門壽司【長門ずし】

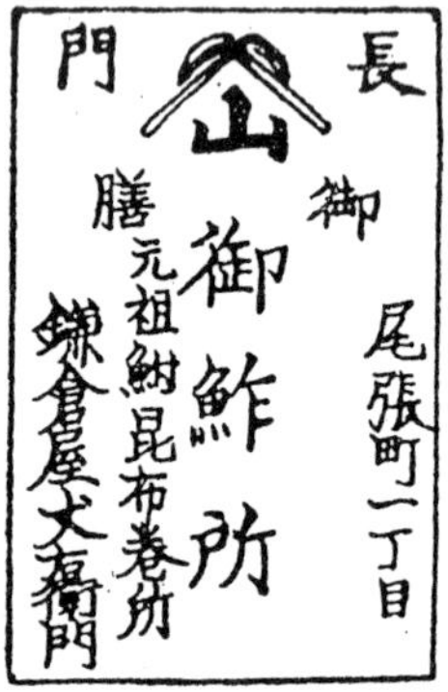

位在尾張町一丁目，據說是鯽魚昆布卷在江戶的元祖鎌倉屋丈右衛門開的御膳壽司店。招牌圖樣是交叉的鎌刀底下一個山字。

尾張町一丁目是現在的銀座五丁目，銀座的中心，最熱鬧的地區，靠新橋那一帶。

旭壽司【旭ずし】

位在鎌倉河岸通龍閑橋旁，大和屋勇次郎的壽司店。現在的鎌倉町中央邊角的町，就是龍閑町。招牌上有「御膳」二字，因此也做外賣。

伊壽司【いずし】

位在芝口二丁目，東側中央巷弄裡。招牌是粗厚的「い」字。老闆是伊賀屋萬吉。芝口二丁目是經過現在的銀座，在新橋（以前的芝口橋）往西過十字路口後左邊的町東地區，面對汐留車站。

玉壽司【玉ずし】

本鄉四丁目常陸屋周八的壽司店。商標是「へ」底下一個「玉」字。本鄉四丁目是從三丁目的十字路口往東京大學方向右邊的町。

鳴戶壽司【鳴戸ずし】

京橋北一丁目的鳥飼清次郎的壽司店。商標是斜井字中間一個「せ」字。其實並沒有叫做京橋的町，這是指京橋北邊再過去一丁遠的地方。14

宮戶壽司【宮戸ずし】

宮戶屋八十八的壽司店，賣的是宮戶川名產鯽魚昆布卷。商標是「へ」加上「吉」字，號稱「御膳一流」。地點在淺草田原町三丁目，因此是現今的田原町電車站右邊的町（田原町）。沿著電車道往右彎，朝雷門方向走去，左邊的町（北田原町）即是。宮戶川是現在的隅田川，當時除了生產與壽司店密不可分的淺草海苔，還可以捕到銀魚和鯽魚，因此將鯽魚裹上昆布燉煮販賣。

錦壽司【錦ずし】

這家店的招牌料理也是鯽魚昆布卷。位於本鄉三丁目，老闆是伊勢屋忠兵衛，商標為「へ」底下一個「辻」字。本鄉三丁目這個地點，甚至有「江戶就到兼康為止」之說。不過這只是個比喻，實際上江戶的街道仍一直延續出去，直到駒込都還有武家大宅和寺院，因此這三丁目並不算江戶的邊郊。只是因為知名的商家就到化妝品店「兼康」為止，再出去就沒有什麼名店，所以才戲稱江戶的範圍只到這裡。三丁目相當大，但因為是商店區，所以應是現在有電車行經的本鄉町通的大馬路，以前也叫中仙道或板橋街道。否則就是現今的三丁目往春日町的電車路，叫伊豆藏巷（伊豆くら横丁）的地方，小巷裡有一區叫「魚店」，也許就是那一帶。

譯注14：約一〇九．〇九公尺。

蓮見壽司【蓮見ずし】

下谷池之端，仲町片側町江本屋友吉的壽司店，應是因為可一邊享用壽司，一邊欣賞不忍池的蓮花，才會有蓮見壽司之稱。現在面對不忍池的馬路房屋一側，以前有條叫小忍川的小溝渠。現在此地仍叫仲町。所謂「片側町」，是因為仲町的大馬路是面對不忍池的後方，這條路只有一邊有屋舍，因此特為說明。過去沒有番地[15]制度，故以這種方式來說明地址。

相生壽司【相生ずし】

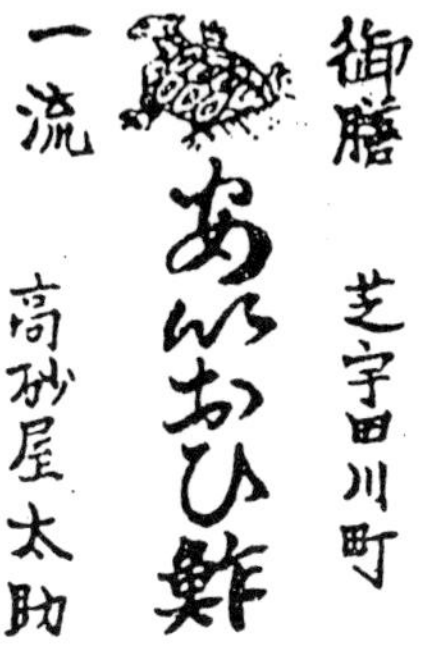

讀音為「あいおいずし」(aioizushi),招牌上繪有蓑龜[16],配合「相生」這吉利的詞彙,店名叫高砂屋太助[17],也是老闆的名字。不知道是哪一邊先取的。店址在芝宇田川町。現在是芝新橋七丁目面西的町,電車站是濱松町一丁目,大正時代以前叫宇田川町,是櫻川的出水口。

末廣壽司【末広ずし】

東兩國元町,越後屋久兵衛的壽司店。打出特殊的招牌標榜「任君訂製」,因此應是各種壽司皆

譯注15:番地是日本住址中的地號,通常為門號的上一級。

譯注16:蓑龜是龜甲上生了苔藻的烏龜,因肖似穿上蓑衣而得名,被視為長壽的象徵。也叫「綠毛龜」、「綠藻龜」。

譯注17:日本傳統能劇《高砂》,以「相生之松」(雌雄二松依偎生長,宛如自同一根長出)來歌頌夫妻之愛與長壽,為代表吉祥如意的演目。

有製作。元町是墨田區東兩國一丁目緊鄰兩國橋前面的町。此町的南側邊角，就是蕎麥麵屋源次（也叫楠屋十兵衛），是忠臣藏[18]義士報仇前吃蕎麥麵的地點。

都壽司【都ずし】

位於牛込肴町，是美濃屋作兵衛的壽司店。現在是新宿區神樂坂五丁目，電車站肴町一帶靠南的町。

稲荷壽司【稲荷すじ】

淺草第六天榊神社境內。刻意將「すし」（壽司）讀成「すじ」，相當有趣。第六天是淺草橋邊現今仍存在的神社。

稻荷壽司【稲荷ずし】（次郎公）

這家次郎公的稻荷壽司，感覺和文政版中提到的翁屋是同一家店，但明確地提到這家次郎公時，又說「始於天保年間饑荒時期」，因此應是在翁屋庄兵衛之後，或者是那裡的員工出來開的。石塚豐芥子的《近世商賈盡狂歌合》（嘉永五年序，一八五二年）中也刊登了插圖，市松格紋屋頂上，有三盞酸漿燈籠，上書「稻荷鮨」三字。後面是竹籠，以扁擔挑著，前面的旗幟以淺黃底留白繪有狐狸面具，竿頭掛著寶珠。價格是一塊十六文，半塊八文，一片四文。天保饑荒的時候，在炸豆皮裡面塞進豆腐渣販賣，既便宜又可充饑。文政年間（一八一八～一八二九）的《買物案內》裡提到的十軒店的稻荷壽司，不是市松格紋屋頂的挑夫小攤，而是一家店面，從天保饑荒以前就有了。次郎公的叫賣詞很有名，鎮上小孩都會模仿他們的口條。

譯注18：《忠臣藏》改編自歷史事件，為元祿十五年（一七〇三），四十七名赤穗藩浪士為主君淺野長矩報仇，殺入吉良上野介公館的事跡。

天清淨，地清淨，六根清淨，驅邪珠，淨身珠，一塊十六文，嗨嗨嗨多謝惠顧。一片四文，來來快來品嚐，美味讚不絕口，稻荷大神萬萬歲。

據說老闆會握起拳頭敲打攤子，像這樣吆喝著。插圖取自清水晴風蒐集的《街姿》（街の姿）。和前面引用的《狂歌合》中的描述，結構似乎不同，但做為壽司的紀錄，頗有意思。

此外，嘉永六年（一八五三），培里（Matthew Calbraith Perry）的黑船進入浦賀時，除了「雨夜裡，睡眼惺忪地流入日本近海浦賀灣……」的詩歌之外，還有一首歌也提到稻荷壽司：

現今流行的，且聽民謠如是道來[19]：兩國橋畔，天岩戶[20]一開，各個八文便宜賣呀，處處假宅[21]門庭若市，賓客雲集，錦繪國芳[22]畫的肖像畫，五十三次[23]十軒店自豪的稻荷壽司，喀拉喀拉的聲音是爆炒蠶豆，世間融通無礙，咚咚鼓聲配花生糖呀花生糖。[24]

歌中十軒店的稻荷壽司，指的便是玉壽司，也是次郎公的稻荷壽司。看來次郎公的壽司鼎盛時期，是在嘉永六年（一八五三）前後。

和國壽司【和国ずし】

天保六年（一八三五）出版的《俳風狂句百人集》收錄了一幅歌川國直[25]的畫，畫的是和國鮓老闆的肖像及和國壽司（和国鮓）的招牌。壽司店老闆的肖像畫，傳世的應該也就只有這麼一幅。這也是因為老闆涉獵狂歌這門文藝之故。畫中老闆的名字已經失傳，但他創作狂歌用的名號叫「布引連老聲庵和國」。從下頁的插圖來看，是一名老人。和國鮓的橢圓招牌，造型模仿壽司桶的蓋子，放置於格狀和紙矮屏[26]上，可以看出當時做為飾品，擺設於壽司店內，是非常寶貴的繪畫史料。

編按19：「そのわけだんよ」是經常出現在稱為「打穀歌」的民謠中段落的結尾，大意是：就是這麼回事啊。「きざな」是源自江戶時代的用語，形容介於風雅與庸俗之間的人事物；「節」則是一種有許多段（節）的民謠。
編按20：「天の岩戸」是日本神話中天照大神（太陽神）的藏身之處。岩戶一開，天照大神出來，應是隱喻一天的開始。
譯注21：「かり宅」（仮宅）為江戶時代吉原遊郭（青樓）燒毀後臨時做為遊郭的場所。
譯注22：「国芳」為浮世繪師歌川國芳。
編按23：德川幕府時期，「江戶」到天皇居住的「京都」間的東海道上，規劃整建的五十三個驛站稱為「東海道五十三次」。
編按24：書的內文可能有誤，Google 結果顯示最後一句是「どんつくどんかやのたんきりく」。因此，分為「どんつくどん」——太鼓聲，可能隱喻廟會熱鬧；「かやのたんきり」——一種摻有花生、大豆、榧子（榧樹的果實）的切片糖果，類似台式花生糖。
譯注25：歌川國直（一七九三～一八五四），江戶後期的浮世繪師，初代歌川豐國之門人，擅長演員畫、美人畫，畫風影響同門之歌川國芳。
編按26：原文的「衝立」與屏風不同，雖然同樣是用來隔開空間的可移動家具。兩者最大的差異是，屏風是高立、多片可折，衝立是矮立、單片不可折，故譯為「矮屏」。

翻閱慶應二年（一八六六）出版的《江戶食物獨[下上戶]案內》，前述文獻中提到的壽司店，如兩國的与兵衛、深川的松壽司、本鄉四丁目的玉壽司、日本橋的阿滿壽司、京橋鈴木町的拔毛壽司、本石町的稻荷壽司等等依然存在，但其他壽司店已不見其名。不知是已經歇業，或並未參加這部介紹書的宣傳活動，僅記錄於下。

御膳玉壽司（御膳玉寿司）　京橋　与作屋敷

從京橋往銀座方向前進的左側，現在是電影院的地方，就是与作屋敷，以前也叫四方店。

山川壽司（山川ずし）　品川　大伊勢屋（大いせ屋）

現在的品川區北品川一、二丁目的大馬路，過去的品川宿，是一家位在妓院林立的風月場中的壽司店。據說只稱「品川」時，指的就是「品川本宿」。

菊壽司（菊ずし）　樂屋新道

包括現在的中央區日本橋人形町及芳町的町，以前叫芝居町，有葺屋、堺兩町。它的西邊，現在與堀留町之間的路，以前叫樂屋新道。

長門壽司（長門ずし）　芝神明前

現在是港區芝宮本町，飯倉神明神社所在的町，歌舞伎中知名《消防隊亂鬥》（め組の喧嘩）舞台的神社前面。

幸壽司（幸ずし）　日本橋通塩町

現今中央區日本橋橫山町三番地一帶，從架在現在已變成暗渠的濱町川上的鞍掛橋，往淺草方向，過橋後右轉的東邊，面對綠河岸（みどり河岸）的町，南邊面對橫山町通。

美里壽司（みさとずし）　明神下御台所町

現在是千代田區同朋町，以前叫湯島御台所町。因為是位在神田明神神社崖下的町，因此也叫神田明神下，是明神神社的石坡南邊的町。

鶚鮓（鶚鮓）　室町

室町位在中央區日本橋三越百貨一帶，現在的三越百貨入口的馬路往日本橋的方向兩側，以前就叫室町。三越百貨所在的駿河町，是店鋪後方四分之三部分的町名。

御膳鶚壽司（御膳みさご鮓）　神田新橋　萬屋金次郎

千代田區九段坂下的俎板橋（マナイタ橋），就叫新橋（アタラシ橋）。橋附近只有前飯田町（現九段一丁目）一區有町屋[27]，因此就是那一帶。

惠美須壽司（惠美須寿し）　橫山町四丁目

中央區日本橋橫山町現在仍在原地，是有名的各式商品批發大本營。江戶時代，橫山町通是中心主道。

蛇目壽司（蛇の目ずし）　築地小田原町

在中央區築地魚市場對側，本願寺後面的町。

美吉野壽司（美吉野ずし）　木挽町

木挽町在現在的中央區東銀座四丁目，現在的歌舞伎座地點附近。

譯注27：町屋是江戶時代都市地區住商兼用的房屋形態。一般沿著大馬路連棟而建，門口狹小，進深狹長。

松野壽司（松のずし）　淺草神田川　下平右ヱ門町

為現在台東區淺草橋一丁目一至九番地面對神田川的地區，曾經是船家所在。這家店是深川的安宅松壽司遷移過來的。

天狗鮓（天狗鮓）　泉橋通

原址在現在的千代田區神田佐久間河岸，神田川上的和泉橋道路上，是和泉町與佐久間町與對側台東區柳町一丁目之間的馬路。

天狗鮓（天狗鮓）　日本橋人形町

在中央區日本橋人形町的路上，現在地名相同。

笹巻拔毛壽司（笹巻毛抜ずし）　竈河岸櫓下　笹屋喜右ヱ門

現在的人形町通上的電車站人形町站往南，左轉第一個巷弄，這裡直到大正十二年都是運河，叫做竈河岸（へっつい河岸）。這家壽司店就在住吉町裏河岸。「櫓下」指的是當時那裡有火警瞭望台，店址就在其下。

紅梅壽司（紅梅ずし）　淺草茅町

現在台東區淺草橋二、三丁目面對電車路的町。

明治時代的壽司店

翻看明治三十八年（一九〇五）四月出版的《明治東京有名食品案內》，分成「上戶」和「下戶」，壽司被歸入上戶。這裡應該列出了明治和大正時期知名的壽司店，有些店鋪現今仍在營業。

金壽司（金ずし）　神田佐柄木町　金壽司

御膳壽司（御膳寿司）　淺草下平右ヱ門町　安宅松壽司

原本在深川安宅，遷移到淺草橋旁後，一直延續到明治。

鮓五目散壽司（鮓五目ちらし）　本所元町　与兵衛

寶來壽司（宝来ずし）　淺草廣小路

御膳拔毛壽司（御膳毛抜ずし）　日本橋住吉町　笹屋

這家是竃河岸的店。

帆掛鮓（帆掛鮓）（特産玉子壽司）　日本橋通二丁目
烏賊壽司（烏賊寿司）　日本橋元大工町　御六鮓（お六鮓）
御鮓所（御鮓所）　日本橋木原店　木原鮨
御膳御壽司（御膳御寿司）　日本橋平松町　甚兵衛
名代宇野丸壽司（名代うの丸寿司）　麹町五丁目
御料理御壽司鳴戶鮨（御料理御寿司鳴户鮓）　麻布飯倉片町
御鮨　神田旅籠町　壽司榮（すし栄）
御膳鮓　神田神保町　壽司兼（すし兼）
伊呂波壽司（いろは寿司）　神田小川町
稻荷壽司（稲荷ずし）　日本橋本石町三丁目　俗稱治郎兵衛　稻荷屋

次郎公變成了治郎兵衛。

御稲荷壽司（御稲荷寿司）　府下南千住大橋際　鈴木屋

這家店因為與吉原名妓玉菊有關而聞名。

稲荷壽司（いなり寿司）　日本橋蠣殼町（かきがら町）　志乃多（志のだ）

御膳都壽司（御膳都ずし）　淺草寺內弁天山

壽司清（すし清）　淺草新畑町

三佐乃壽司（みさの寿司）　淺草馬道一丁目

名代大阪鮓（名代大阪鮓）　京橋區竹川町　常盤（ときわ）

名代蒸壽司（名代蒸ずし）　芝幸町　大黑壽司（大黑ずし）

大黑壽司的老闆是知名川柳家，號「涼風」（すずか）。

精進御壽司（精進御寿司）　芝大門

忍草売対花籠

壽司店的門面

壽司店的門面各異其趣，沒有一定。廣重[28]的錦繪[29]中，江戶宴席大全裡所畫的壽司店，許多看起來是一般的餐館，頗為高檔，門檻似乎很高。至於庶民取向的壽司店圖畫，文政四年（一八二一）出版的草雙紙[30]，柳亭種彥著《忍草賣對花籠》裡有一張。不過因為是草雙紙，插圖中有故事登場人物，做為繪畫史料來看，有些礙事，不過畫下這類風俗畫的浮世繪師，習慣上皆取材於當時的人事物，因此這裡採用它做為插圖，引為一例。畫家是歌川國貞[31]。

市松格紋的油紙屋頂下，屋簷下一樣是一片油紙隔板，代替短簾。因為很像祭典中做生意的攤子「屋台」，一樣也叫屋台，附有圍欄。客人就站在圍欄外，挑選裡頭陳列的壽司，由店員盛到小碟上。此圖可以看到橢圓狀的盤子上鋪有竹葉，壽司應該就是盛在上面。還有茶杯，但並非現代風格的修長厚實的杯子。般若女鬼面具是草雙紙的情節需要，一般不會掛這種東西。不過面具那塊匾額一般

譯注28：歌川廣重（一七九七～一八五八），江戶後期的浮世繪師，納入西洋畫的遠近透視法，開創新的風景畫法，以《東海道五十三次》等作品聞名。
譯注29：錦繪指多色套印的浮世繪版畫。
譯注30：草雙紙是江戶中期至明治初期的通俗讀物，以插圖為主。
譯注31：歌川國貞（一七八六～一八六四），江戶後期的浮世繪師，第三代歌川豐國。

絵本江戸爵

會寫上「壽司」二字，或附上插圖。這張畫裡，盒中的壽司排列得十分整齊，因此還不是現代的握壽司，而是一一四頁「通壽司」插圖那種固定店面賣的壽司。

這張插圖的屋台很大，因此似乎不是挑著四處販賣，而是設在特定屋舍的店門口。不過在喜多川歌麿[32]的其他插圖裡，壽司是挑著在路邊賣的。此張插圖出現在《繪本江戶爵》，圖畫完成於天明六年（一七八六），可看出當時壽司的販賣形態。

壽司陳列在店頭，小販將客人挑選的壽司以竹皮包裹後遞出。這個屋台看起來沒有供人站著食用的設備，因此似乎只做外帶。

圖上的狂歌是：

夜冷人相熟　通町

熙來攘往賣壽司　　　白川与布祢

這張圖看不到，但其他頁還有另一首狂歌：

譯注32：喜多川歌麿（一七五三～一八〇六），江戶後期的浮世繪師，以獨特的美人頭部特寫畫聞名。

晚霞譽通町之阿滿
填滿壓實見勢壽司攤
菊賀三味

第一首的「夜冷人相熟」，是以「人相熟」來影射熟壽司。通町是日本橋通所在的町名，位於現今的八重洲口通附近。圖上的門柱叫「町木戶」，設在町與町的交界處，入夜以後應該就會關閉。

下一首的「譽阿滿」，吟詠的是通町的「阿滿壽司」，這個時代賣的壽司，是塞入飯料壓實而成的形式，也就是今日的大阪壽司。這是一家壽司攤（店），插圖右側有個頭罩手巾、扛著壽司盒的男子，是壽司小販。與一四六頁國貞的畫相比較，相當有意思。

這張圖看起來光線明亮，但就如同第一句「夜冷」所提示，畫的是秋初的夜景。武士前方的同行者提著燈籠，由此可知是夜晚。買壽司的町人肩上搭著手巾，應是上澡堂的歸途。

看看下一頁《守貞謾稿》中的壽司小販肩上扛的東西，又不一樣了。他讓最底層的一盒往前突出，來調整重心，並更容易以手支撐，是極為實用的做法。有時候裝壽司的盒子不是長方形，而是圓飯盒，這也附上插圖供讀者參考。兩邊都是正確的壽司小販風俗，鮮明地反映出各個時代的不同風格。

これも担ぎの入物

做為參考，這裡列舉出時代更晚近的壽司店面，而且是關西的店面。這是天保元年（一八三〇）大阪出版的書籍《百物賀多利》裡，一家頗為奇特的攤販，畫的是正月舉辦「十日戎」[33]祭典的今宮戎神社附近的壽司店店面。前方沒有圍欄，不過在高上一階的台子上，並排著圓飯盒盛裝的壽司。板子上寫著四十八文的金額，應該是送禮用的禮盒價格。客人應是去戎社參拜回來，肩上扛著綴有各式寶飾的吉祥竹。

賣壽司的在攤子上放了方形紙罩燈，上書「戎鮓」二字。入夜以後，便點燃蠟燭或油燈芯，照亮攤子上方。小販在屋內的石板地製作押壽司，一人以菜刀分切，另一人在旁邊包裝，清楚地描繪出正月十日的繁忙光景。這家攤販似乎也供人立食，有些客人就站在旁邊吃了起來。與江戶的固定式攤販相比，可一窺不同的趣味。

明治十六年（一八八三）京都出版的《都之魁》一書，是記載了當時京都名店的介紹書籍。其中〈鮓商之部〉提到兩家店：「繩手區大和橋往南的魚宇（うを宇）」，以及「祇園新地松湯町的成平壽司伊津宇（いづう）」。二樓屋簷底下突出的短簾旗上，可以看到留白的「東京御膳握壽司　魚宇」幾個字。一樓屋頂上則是寫著「壽司」的大字橫簾，入口是遮陽和紙門，入口門柱上掛著有頂的方紙罩燈，寫著「御鮓司」、「壽司」。店裡自傲地陳列著盛滿壽司的大盤子，付台在正面，地板似乎是石板地。隨時在地面灑水，以示清潔，是京都式的規矩。

伊津宇的介紹，只有以不二山（富士山）為背景，大書「成平壽司」（成平寿し）四字而已。

すし
御鮓司

壽司小販

在江戶，壽司小販被視為「鯔背」[34]的代表。白天左手垂放，入夜以後便提起燈籠，以清澈悅耳的聲音吆喝著：「壽司！鯽魚壽司！」左手垂放遂成為壽司小販的特色。這麼說來，大部分的走販，左手都是垂放在身側。一四一頁的壽司小販插圖是關西人畫的江戶小販，所以是右手垂放。古時是右手垂放，但到了明治時代，就一定是左手垂放。

至於服裝，據說直到天保年間左右，都穿白色布襪，但從慶應年間開始，就改穿深藍色布襪了。裝壽司的盒子堆了九層高，以真田繩[35]或布繩綁起來。

除了鯽魚壽司，也有賣竹筴魚壽司的。劇場後台等處，現在仍會有扛著壽司盒的小販上門，不過服裝已經異於過往了。也有些會準備茶水。最近甚至還有當場在客人面前捏製販賣的。這麼一來，應該也不叫走販了，是過往的街頭生意沒有的全新手法。

嘉永年間完成的《守貞謾稿》中提到，關於壽司，三都（京都、江戶、大阪）都是以「路邊攤」（屋台見世）的形態販賣，京都大阪沒有扛在肩上沿路吆喝的壽司小販。江戶的壽司小販會將捏製好的壽司裝在小盒裡，扛在肩上沿路叫賣，人多的地方，因為沒有準備茶水和醬油，因此只能單賣壽司。同樣是叫賣的小販，也有一些除了壽司籠以外，還用扁擔挑了茶水。《忍草賣對花籠》這部草雙紙裡面，也畫了當時的壽司小販（請見一四六頁）。與其他繪畫史料相對照，看得出所畫符合實情。

其時名喚浮世伊之介者，近來遠近馳名之壽司小販，吆喝著「忍壽司」，走上前來……首先啟人疑竇者，為日頭未落，其人卻提著個燈籠，啊，必定是準備前往大磯。

有這樣一段文章，壽司盒旁邊，擱了一只寫有「忍壽司」的燈籠。入夜以後，就是提在手上的照明工具，照亮路面前行。當時不像現在有路燈，因此需要自行準備。插圖也畫出了這點。

譯注33：十日戎祭典於每年一月九日至十一日舉行，祭祀惠比壽神，祈求生意興隆。今宮戎神社所舉辦的祭典規模最為盛大。

譯注34：鯔背（イナセ），源自於江戶日本橋魚河岸的年輕人多梳一種叫「鯔背銀杏」的髮型。指的是時髦俊俏、爽朗有男子氣概的人。

譯注35：真田繩是一種平織的花紋布繩。

忍草売対花籠

小販販售的「稻荷壽司」，請參考（一二五頁）次郎公的部分。這些小販許多相當風趣，為了遏止有人在巷弄或空地隨地小便，便用紅色顏料畫上鳥居[36]，其下書寫「此地禁止小便」，也有一些只寫「稻荷大明神」。然後便有一些小販利用這一點賣起稻荷壽司，在肩挑式的屋台前方釘上板子，寫上那標語。因為是賣吃的，有些教人倒胃口，但這樣的巧思實在有趣，反而也能吸引客人。從前的戶外，風沙不可能比現在少，壽司就這樣直接陳設在台上，也不加以遮掩，實在極不衛生，但當時的人皆不以為意。這些小販裡頭，也有些在屋台旁邊豎根旗子，旗面是紅底留白的狐狸面具圖樣，讓人們遠遠地也能看見。如果不是狐狸面具，就是在染色的寶珠上大書白字「稻荷壽司」。入夜以後，便在上頭掛上燈籠。也有些販子是將壽司放在外帶盒裡，右手扶著，將一小部分搭在右肩上行走販賣。

行商的屋台一般叫做「鳥居形」。左右有兩根支柱，上方有一根橫桿，再上面的一根橫桿也兼屋頂的橫梁。這並非基於信仰而製作成鳥居的形狀，而是出於必然，外形自然而然肖似起鳥居來，因而被如此稱呼而已。

沿街販賣的稻荷壽司有兩種，一種是當場製作，另一種是販賣已經預先做好的。古時候是把炸豆皮放在米飯上，就像握壽司，後來演變成把飯塞進豆皮裡面，以干瓢束起。大正初期開始，干瓢就不見了。

譯注36：鳥居是立於神社參道前的紅色牌坊，象徵神域。

也有像這樣擔著屋台賣稻荷壽司的小販：台上放著方紙罩燈，寫著「稻荷大明神」、「元祖稻荷壽司」，在支撐前面台子的四根竹子上豎起御幣[37]，十足俏皮。扁擔後面的行囊上擺了個飯台，應該是在這裡製作壽司販售。前方攤台的燈具旁邊陳列有完成的壽司。這是從天保時期的繪本抄畫下來的插圖。

同樣是賣壽司的，還有水上壽司小販。現代的隅田川，在江戶時代直到廐橋的稍上游處，都叫做大川，品川的潮水會一直灌入吾妻橋以上。河上有許多小舟往來，水上小販載著糕點、壽司、水果等等，穿梭在遊船或停泊的船隻間兜售。連接大阪與京都的淀川，水上小販一樣會停靠在上下河的船舶旁邊做買賣，不過關東多是在船隻之間穿梭往來。因為是大船與小船做生意，有時手搆不著，這時

就在竹竿頭裝上網子，請船上的人把錢放進去，接著小販再把商品遞過去。如果反過來，是不必擔心小販拿了錢就跑，但傳遞錢貨較為繁瑣，因此變成了先交錢再交貨。主要是中午過後開始營業，一直賣到晚上。這些水上小販，對水上生活者而言是不可或缺的。

壽司的宣傳印刷品

天保六年（一八三五），大阪出現一齣《花櫓詠吉野》，是《千本櫻》的改編狂言[38]，第三幕壽司店的場面，有彌助與阿里的對口說唱。唱詞裡提到了當時各地知名的壽司名稱，相當有意思。

譯注37：御幣是神道教中用來供神的祭祀道具，以木棒夾著紙或布帛而成。

譯注38：狂言為日本傳統喜劇。

彌助：「各國鮨的種類眾多，遠方唐土有鱸鮓，不知是何物；我國日本有江州[39]源五郎的鮒鮓，夏百日[40]時這種魚滋味鮮美，所以又名夏頃鮒[41]。」

阿里：「海鷗盤旋在寧靜的海洋上，以蹴爪抓起海面的魚類，放在苔岩上用海藻掩蓋，使其發酵，謂之鶚鮓。」

彌助：「竹穗離枝銜飛天際[42]，是為紀伊國[43]的雀鮓。」

阿里：「醃漬時間不長的若狹[44]鹽味鯖鮓。」

彌助：「滋味有好有壞，難以言喻，筆捨山[45]的鮨鮓。」

阿里：「自神話時代即用來鎮神的今井鮨。」

彌助：「那是隨處可見的柿鮓，這是大和路[46]的櫻鮓。」

阿里：「孩子吃不慣的馴鮓，酒酣耳熱時的舌卷鮓。」

彌助：「嘿咻一聲，用力壓成的鮎鮓；喝口酒後，喚醒假寐鳥蛤的起鮓。」

阿里：「夏季速成的一夜鮓，晝長夜短的早鮓，層層入味是柱鮓。」

彌助：「甜味恰好的釣瓶鮓，伴手禮首選芳野鮓，請蒞臨品嚐這些美味的壽司吧。」

接下來的廣告詞年代不明，但應該是幕末時代。

吾家紅豆湯店日漸興隆，不勝感激，往後仍請眾客官多多關照，此回推薦菜單又添新，精心呈上特製壽司，拙作名為「甲子鮨」，御注文之内出[47]美櫻以別處春梅製新品，貴客眾人掌資本，金銀川流不息，若泉猶如長壽老松，雜魚寢床的一夜鮨，枕邊往事如今成蕨芽握壽司，紅豆湯店有酸也有甜，梅見月[48]的遊與雅客，各個春華秋實，今日始販售，小桶盛裝吉田漬，結帳別忘吉野山下市村的釣瓶鮨，擦踵並排伸一腳，食材產地亦不得知，香郁椎茸與島田腐皮，五目亦

編按**39**：江州為近江國的別稱。日本古代的令制國之「近江國」的俗稱，乃今日的滋賀縣。「令制國」意指日本地方行政區，奈良時代至明治初期，日本地理區分的基本單位。

譯注**40**：僧侶於夏季閉關修行的時期。

編按**41**：原文寫「夏比鮒」，有可能是字誤，查詢時大都出現「夏頃鮒」，因為說明的是夏季（夏の頃），因此「頃」比「比」字的正確度更高。此外，日文中，源五郎的發音與夏頃相同，皆為ゲゴロ（Gegoro）。關於這壽司名字的由來眾說紛紜，據一八三二年武井周作所著的《魚鑑》記載：產於琵琶湖，一般人稱夏頃鮒，因為於夏季盛產而得名，後誤傳為源五郎。

編按**42**：這句「竹のほはなすやなやと咽え飛ぶ」斷為「竹のほはなす」（竹穗離枝）、「や」（呀／語氣）、「なやと」（這樣的話啊／仙台方言）、「咽え飛ぶ」（含銜高飛）。竹穗貌似稻穗，傳說江戶時代在欠收之年會以此代米，這麼一來即反映出下一句的雀壽司，魚腹中塞滿了米。

譯注**43**：約為今和歌山縣全境與三重縣南部。

譯注**44**：約為今福井縣嶺南。

譯注**45**：位於三重縣，屬於鈴鹿山脈的一部分，奇岩怪石眾多。

譯注**46**：通往大和（今奈良）的道路，尤指京都五条口經伏見、木津至大和的道路。

譯注**47**：福島的賞櫻名所。

譯注**48**：指陰曆二月。

是五美味，神田所寶地須田町，恭候您親臨品嚐指教。

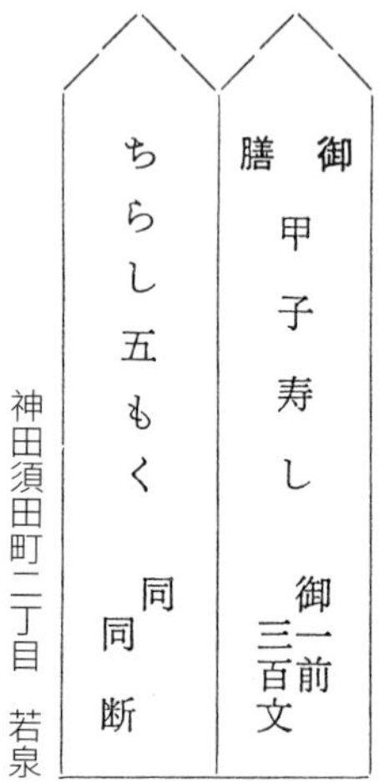

上圖譯文：
御膳 甲子壽司 一人份 三百文
散壽司五目壽司 同右

壽司的民謠

三重縣志摩安乘地方留存的民謠中，有一首叫「こいこの節」，將壽司入歌，頗為罕見。

一、沙丁魚壽司（鰯鮓）；二、什錦飯壽司（煮込み鮓）；三、秋刀魚壽司（サイラ鮓）；四、甘仔壽司（縞あじの鮓）；五、稻荷壽司（いな鮓）；六、牛眼青鯥壽司（むつ鮓）；七、找來新鮮食材；八、溪谷香魚壽司；九、高野壽司；十、豆腐渣壽司。

從這首民謠可以看出，伊勢的志摩為沿海地區，壽司裡呈現的古老文化屬於京阪風格，不過到了近年，江戶及名古屋的影響劇增，交通不甚方便的志摩半島尾端儘管保留了一些古風遺緒，但整體已經轉變為東海風格。

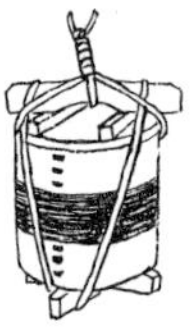

明治時代的壽司店

直到明治初期以前，街上的壽司店店頭所插旗子皆是青紫底色、上有「御膳壽司」留白字樣。客人都是進店入座享用，而非站著食用。只有在設於店外的屋台處，才供人站著立食。

過去是插旗子做為店招，後來流行起在店門口掛上短簾。在短簾上用黃色畫滿「熨斗鮑」[1]圖樣，再大大地寫上「壽司」二字，與明治時代的煤氣燈一起，共同營造出當時的時代氛圍。

壽司屋台到了冬季，便以兩片紙門圍成直角，對側以葦簾圍起，掛上寫有「壽司」二字的紅色長燈籠。

也有些壽司店是民宅風的屋子，在直木條格的門口掛上「大哥在嗎？」式的神燈。正面就像歌舞伎《伊勢音頭戀寢刃》第三幕的「油屋之場」，或《忠臣藏》第七段「祇園一力茶屋之場」那樣，掛出短簾，門的上框並排著九谷燒大盤子，底下是櫃台圍欄，師傅身穿和服，以真田繩束起衣袖坐在裡頭，捏

製壽司。圍欄前設一長台叫「重台」，上面疊放著訂購壽司的人家送來的套盒，一一別上「某某府」的名牌。套盒愈多愈值得驕傲，因此套盒多的日子，會故意敞開門戶，展示店內，好向往來行人炫耀。這些早上製作的壽司，是要帶去出遊，主要是看戲的時候享用，因此從做好到食用，中間相隔四、五個小時之久，故這個時代的壽司師傅手藝，全展現在如何製作出享用當下最為美味的壽司。當時的壽司絕不像現在的壽司這樣，才放個十分鐘就整個走味。不論是醋的調味或捏法，直到這個時代，都是較重較硬實的。

當時都在付台鋪上大竹簾，壽司擺在上頭。薑片和醬油是置於大碗裡共用，因此有時遇上客人把壽司整個浸在醬油裡，便會造成醬油上層浮油，飯粒沉在底下，所以顧茶的人必須三不五時用布巾過濾。演變成現在將魚料放在玻璃櫃內之前，只

譯注1：熨斗鮑原本為削薄乾燥後製成長條狀的鮑魚肉，被視為延壽吉利之物，用來供神。現在演變成用束起來的長紙條代表熨斗鮑，裝飾於禮品或紅包上。

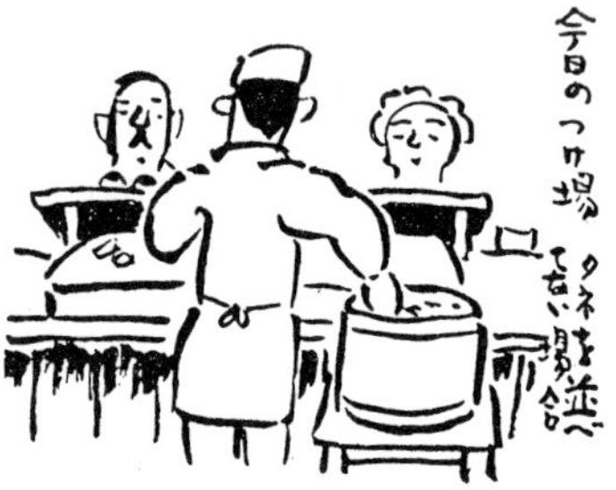

是立起一塊玻璃板隔開，將魚料放置在內側。而且昭和五年左右，僅是擺上一、兩塊魚料做為展示樣品，這時因為已經有了冰箱，客人點了壽司以後，再將魚料從冰箱取出使用。

冰箱尚未普及的時候，是將魚料放在大碗裡，置於大水盤中，上覆布巾，避免灰塵沾染。水用的是井水，溫度較低，約三小時更換一次。即使北海道的函館冰已經開始運送全國，但是在夏季也因為缺貨，多半還是使用水盤保冷。不過自從人造冰普及以後，以水盤保冷的做法也式微了。

玻璃板內側放置壽司料的地方會墊上竹葉，但後來用「海草」（ウゴ，用來搭配生魚片的海藻）代替，後來更演變成使用香芹。這是昭和十年（一九三五）左右的做法，海藻可放三天，但香芹可以撐上十天，因此店家都逐漸改用香芹，現在已是香芹獨擅勝場。

至於明治時代的壽司師傅打扮，一般皆穿連胸圍裙、淺綠色褲子、深藍色布襪、真田繩樣式的束袖繩（講究點的地方，則是使用白色的和服繫帶），下面繫一條同色的短圍裙，腰間

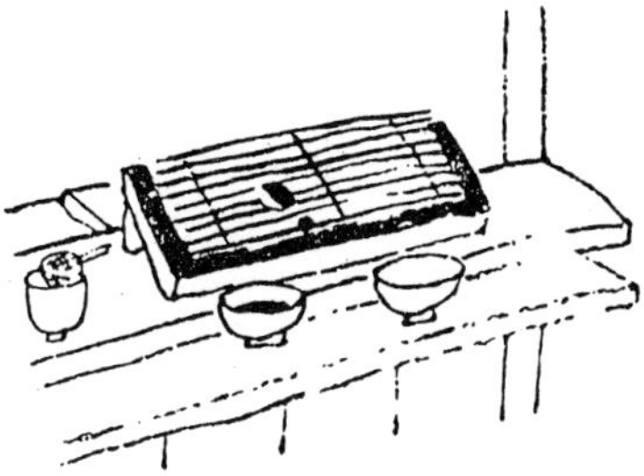

掛著菸草盒（當時是菸絲）。過去的師傅不像現在的料理師那樣，會直接在調理場吞雲吐霧，而是離開料理的地方，如果是屋台，則是離開攤位才抽。抽完菸後，也會徹底地清洗手指，再回到調理台前。

大壽司

大正年代，神田多町附近有家叫「金壽司」的店，招牌圖樣是寫上「金」字的將棋[1]棋子，此店便以捏製握壽司聞名。尺寸為現在壽司的四倍大左右，並且極為紮實，只要吃上六個就很撐了。多町有個從德川時代延續至當時的蔬果市場（叫做「やっちゃ場」），上市場的人都很早，因此容易肚子餓，就是專為供應這些客群。淺草壽司巷（すし屋横丁）的「金壽司」歷史更早，是大壽司的元祖，俗稱「握金玉壽司」。

上野松坂屋前的「松榮壽司」，在尺寸方面也不遑多讓。

譯注1：將棋是從中國傳至日本的棋類遊戲，也稱「日本象棋」，棋子為五角形。

一次握兩顆壽司的起源

日本橋三越百貨正面的巷弄間，與過去的魚河岸毗連，還保留著安針町等知名的町名。從前這裡有家叫「宇之丸」（宇の丸）的壽司店，到了晚期，只剩一名老婦人在做生意。這家店專賣星鰻壽司，一小盤兩顆星鰻壽司是一人份。宇之丸壽司在魚河岸最熱鬧的時段開店，因此是以盤子計價。這裡的星鰻壽司滋味絕妙，魚河岸收市的時候（名為「時化河岸」）[1]，很多時候壽司早已賣完，讓外行人撲了個空。

下午兩點左右，鮮魚的髒汙已經沖洗乾淨，石板地差不多開始收乾的時間，盤商都關起了大門，整個魚河岸一片寂靜。有家壽司攤子「蛇之目」（蛇の目）會在這時間出來擺攤，河岸的人皆來光顧。這裡的壽司選料極精，絕無難吃的道理。「蛇之目」與「宇之丸」因此聞名遐邇。

編按1：時化指的是海浪洶湧，不得出船捕魚、漁獲少或者形容客人少的狀況。

吟詠壽司的川柳

俳句多引用古人的詩句，川柳則是只引用近代人的作品。在俳句的領域，即使作者是近代人，吟詠的詞句也全是關於熟壽司，不承認握壽司的存在。從這裡可以明確地看出川柳和俳句儘管系出同源，後來卻分道揚鑣。關於壽司，近代川柳[1]的表現貼近現實，近代俳句則追尋古時的幻夢。看來握壽司是俳句裡的禁忌。

筷夾稻荷壽司　一山又一山　　水府
烏魚現身壽司盤　難得一見瀟灑樣　　雀郎
山葵嗆鼻味　熱茶恰馴服　　汀柳
踩著雪駄[2]　從壽司店倉皇離去　　幽香
人群紛至沓來　壽司攤見獵心喜　　金一郎
路邊壽司攤　牙籤剔完就丟　　三太郎

稻荷壽司　暗處裡買醉　路郎

新娘小口一張　享用壽司　しげを

稻荷壽司　好似半個鳥居　才喜

幫客人溫酒的店員　吃不起盤中壽司　苦笑子

吃著新子壽司　聊些晉升出頭事　一若

喝酒喝膩了　來盤薑片卷　巨郎

土產壽司攜家歸　娘子安靜細品嚐[3]　迷亭

源自東京　道道地地的壽司味　一若

稻荷壽司　母子都無法忍到隔天再吃　盈光

喝完酒和紅豆湯　再來一點壽司　星文洞

獨自旅行　總於此驛買壽司　一若

點了赤貝壽司　自豪牙齒還不錯　迷亭

譯注1：川柳格律雖然和俳句一樣是五・七・五，但內容自由，較像中文新詩，因此以新詩形式譯之。

譯注2：底面貼皮的日式拖鞋，現代日本男性穿著和服時多搭配雪駄。

譯注3：此處的「女房食い」可以有兩種解釋，一是「女房が食い」，則吃的主詞為「女房」（老婆）；二是將「女房食い」連在一起看，意為「靠老婆的無賴」，整句就會變成「無用的男人　默默吃老婆帶回來的壽司」。

客人找麻煩　盡點魷魚腳和貝套膜　芳浪

華美盤中　竹葉雕刻展現精湛刀工　巨郎

一群小孩望見壽司　登時安靜下來　○丸

吃著海苔卷　繼續做遠足夢　○丸

想念盒裝壽司　醬汁的味道　巨郎

師傅捏的貝皮卷　就像肥皂盒一樣　巨郎

吃著稻荷壽司　擔心明天的天氣　盈光

孩子心心念念　伯母來訪那天的壽司　太郎丸

愛吃鐵火卷　討厭襯衫的男人　一若

外帶拔毛壽司　回家泡茶吃　巨郎

醃鮪魚的色澤　讓螢光燈相形失色　巨郎

兩國的壽司店　讓關取[4]痛哭流涕　栄太郎

女孩提著壽司路過　行去孝敬父母親　○丸

東京無奇不有　連壽司種類也是　圭祐

女人嘻嘻哈哈　壽司隨之變少　太郎丸

小孩吃壽司　只會暴殄醬油　周魚

握台豐富鮮魚擺　連綿不絕似懸崖[5]　芝水

大盤的壽司　讓么兒先挑　圭祐

一邊嚼著玉子壽司　一邊結帳　一若

夫人的朋友來　以茶巾壽司招待　巨郎

十人動手　夾起十人壽司　星文洞

蒸壽司的白煙　燻得情人輕咳起來　迷亭

在菊花季節將至時　品嚐壽司之味　芝水

向壽司達人　請教廚師應有的知識　芳浪

明知可能挨罵　還是在壽司店喝了啤酒　巨郎

故鄉的父親　見到山葵配壽司就開心　仙之助

出門握壽司的料理人　為水辛苦為水忙　巨郎

客人吃著茶巾壽司　靜默無聲　一若

女人伸手夾菜　想吃的其實是鮪魚肚　仙之助

譯注4：「関取」為一定階級以上的相撲力士。

編按5：懸崖是日本盆栽文化的專門用語，指的是盆栽生長的尖端低於盆緣，模樣層層疊疊如崖。此川柳可能以此來比喻壽司店裡擺設的魚料。

大家客氣留下的鮪魚　在盤中亮相　一若
無論怎麼泡　都不像壽司店的茶　圭祐
應客人要求　照單奉上鐵火卷　巨郎
彌助[6]這幕沒出現在台上　卻來到手中　一若
排練時的休息室　大家擠在一起吃壽司　巨郎
酒停了　壽司一盤接一盤　星文洞
立食壽司店　茶杯跟小桶子一樣大　○丸
就算已飽腹　也願陪你上鮨屋　芳浪
吃壽司下酒　我沒醉　我沒生氣　太郎丸
思念起　喜歡這種壽司的父親　一若
取小鰭壽司時[7]　一條窩斑鰶乾了　巨郎
吃壽司聊歌舞伎　聊完各自回家　一若
握壽司店　大多掛羊頭賣狗肉　与志男
壽司師傅捏壽司　花招百出惹注目　裕侍
大阪壽司　如蛋糕般陳列　万柳
沒有人　真的在壽司店醉倒　しげを

壽司多了一個　趕緊追上外送員　一若

送完壽司　將外送箱扛在肩上　しげを

与平壽司　來了位穿黑縮緬[8]的客人　久良岐

以登台的妝容　大口吃下笹卷　久良岐

壽司上桌前　女客喋喋不休　久良岐

再晚　也要買一盒壽司回家　芳浪

快要出院時　夢想就是吃到壽司　仙之助

藝伎將手伸向盤子　拿了塊壽司走　一若

一塊壽司在醬油中散開　醉東醉西　鈴波

握台上可以聞到　攪拌醋飯的味道　芳浪

躲在金屏風後[9]　偷吃壽司　千代子

坐在台下貴賓席　見壽司後破涕為笑　多賀子

譯注6：彌助為《義經千本櫻》中的角色，在花柳界也是壽司的代稱。

編按7：原文「弓とり」應是拿弓比喻彎彎的小鰭壽司。

編按8：「縮緬」為一種表面有凹凸碎花紋的布料，句中的黑縮緬指的是喪服，在此與「縮緬雜魚」（魩仔魚乾）成為雙關語。

譯注9：金屏風多用於婚禮會場，以及藝人宣布結婚的記者會上。

帶小孩到壽司店　茶杯對他來說太大了　純和

壽司店老闆　某天心血來潮擦起壽司模型　ちどり

客戶來之前　壽司就來了　初子

鯖壽司上的鯖魚　照亮夜晚的宵宮祭典[10]　青和

現在這時代　小鯛壽司也能坐飛機　珍平

母親躍躍欲試　動手捲壽司　すすむ

鮪魚包在壽司中間　像鉛筆似的　モカ

燒痕早已灰飛煙滅　捲起了壽司[11]　出句之坊

劇評家三宅周太郎[12]　拿起壽司來吃　つとむ

全家去店裡　點了沒加山葵的握壽司　久子

生日有母親為我捲壽司　真開心　とし子

在人潮的推擠下　壽司都切腹了　茶筅

綁上頭巾威力大增　壽司一下就做好了　雅健

海苔卷[13]　稱讚晴天娃娃的功力　○丸

壽司店最喜歡　行家以外的客人　仙之助

壽司店員親切服務　讓壽司變得更好吃　仙之助

欠高利貸的人　吃著壽司淚如雨下
春彼岸[14]時　將稻荷壽司供在墓前

中野
栄太郎

譯注10：宵宮即宵宮祭，為祭典前一晚所舉行的小祭典。
編按11：此句意指從燒痕中捲土重來，與卷壽司為雙關語。
譯注12：三宅周太郎生於一八九二年，卒於一九六七年，為歌舞伎、文樂的劇評家。
譯注13：海苔卷常在遠足時登場，但晴天才能遠足，所以必須借助晴天娃娃之力——本川柳描述的可能就是這種關係。
譯注14：「彼岸」為日本的掃墓時節，春天、秋天各為期一週，以春分和秋分為準，包含其前三天與後三天。

俳句裡的壽司[1]

蛇鮨[2]似浪月　引人憶從前　西鶴

巡禮歸途中　襟上鮨飯沾　去来

啖貫之[3]鮎鮨　食後復別離　其角

筏上立一女　獨將鮨桶洗　几董

醃鮨復遠眺　惟見夜中山　宇橋

魚肉味鮮美　不如做早鮓　梅年

葉上盛飯鮨　闊葉風中搖　木因

一夜鮓熟透　店主心肝搥　蕪村

重石壓鮓上　一時心懷悲　蕪村

吾家製香鮓　鄰人釀美酒　蕪村

壓鮓以重石　石上應題詩　蕪村

蓼葉伴雀鮓　不可無此君　蕪村

鮒鮓滋味美　雲中彥根城　蕪村

精米一升搗　鮓飯桶中成　蕪村

桌如觀魚亭　望鮓沁心寒　蕪村

樹下切鮓者　應是店主人[4]　蕪村

洗手親醃鮓　不待誰人歸　蕪村

賣魚郎來訪　醃鮓復歸去[5]　蕪村

靜默白晝間　鮓飯逕自熟　蕪村

重石壓鮓上　五更鐘聲蕩　蕪村

河邊洗鮓桶　淺水游魚來　蕪村

譯注1：俳句為十七音，有種方式是以五・七・五的格律來譯俳句，但若以十七字來翻譯，恐有增譯過多虛字之虞，因此最後選擇譯成五言兩句的整齊句式。

譯注2：「蛇の鮨」為日本北陸地區以鈍頭杜父魚製成的熟壽司。

譯注3：紀貫之為日本平安時代的歌人，其散文作品《土佐日記》曾以幽默筆法，描寫人們吃香魚（鮎）時從頭咬下，就像在和香魚接吻似的。

譯注4：「あるじ」有「主」和「饗」兩種漢字表記，前者指主人、主君、所有者；後者指宴客，作名詞使用。此處較有可能是前者。

譯注5：根據正岡子規《俳人蕪村》等資料，此句為「鮓つけてやがて去にたる魚屋かな」，「玄にたる」應為錯字。

床几[6]置樹下　待客以鮓桶　蕪村

吾自夢中醒　喜開一夜鮓　蕪村

野宴飲酒樂　鯖鮓賜下僕　几董

將熟未熟時　鮓味尤可貴　几董

露結蓼葉上　好鮓一夜成　蓼太

漫步數松木　此間鮓已成　乙二

滴酒不沾者　見鮓亦小酌　召波

若得嚐早鮓　王思[7]亦讚飯　召波

重石壓鮓上　吾為待人男　召波

早鮓開蓋前　眾人相唱和　太祇

平相國[8]之鱸　加入早鮓中　太祇

鮓店灑涼水　小笹山[9]夏情　一茶

情絕意斷時　真木之柱[10]鮓　一茶

柴戶內醃鮓　米瓢替重石　一茶

大啖押鮓後　男女臥似蝸　一茶

明治後的壽司俳句

早鮓東海魚　後門蓼一叢　　子規
瀨田夕照美　鮒鮓三井鐘[11]　　子規
飯飛鮓桶中　宛如山蝶白　　八重桜
離鄉未經年　心念一夜鮨　　八重桜
重石壓鮓上　憶起遠方君　　蝶衣
枕手待鮓成　未成手已痲　　茶酔
重石壓鮓上　不動如泰山　　竹履

譯注6：「床几」中文名稱為馬札，為一種可以折疊攜帶的坐具。
譯注7：王思為三國時期曹魏人物，以性格暴躁易怒聞名。
譯注8：平相國即平清盛，為平安時代末期的武將、公卿，因任太政大臣而被尊稱為相國。《平家物語》提到其任安藝守時，曾搭船前往熊野參拜，途中有大鱸魚跳入船中，被視為吉兆。
編按9：小笹山是山名，海拔七三〇公尺，位於日本中部鈴鹿山脈的稜線上，而此山脈沿著岐阜、三重及滋賀三縣的邊界聳立。
譯注10：真木柱為《源氏物語》的卷名，也是其中一名女性角色。真木柱父母離異時，她雖想和父親生活，卻被母親帶回娘家。來不及向父親道別的真木柱，只能在紙上寫下和歌，塞進家中柱子的縫隙間。這首俳句應是由柱鮓一詞，聯想到真木柱的故事。
譯注11：「瀨田夕照」、「三井晚鐘」（以及後面五友俳句中的「石山秋月」）皆屬近江八景，鮒鮓也是近江名產。

木紋色澤美　鮓桶箍生光[12]　尺予

筍皮入鮓中　飯上一點黃　寬水

鮓石亦有味　隱約新月香　黃雨

增色紫蘇末　拌入押鮓中　浦郎

食後鮓盤上　生薑竹葉留　無黃

洗手親醃鮓　遙憶元祿句　月光

湖邊品鮒鮓　天晴宿可見　月象

庵中聽瀑聲　醃鮓待客來　一豊

湖邊待友至　鮒鮓遊覽船　桃邨

天晴貓欠伸　聞香近鮓桶　有楽

動手搧鮓飯　竹葉隨風搖　禾刀

才去買鮒鮓　轉瞬就發車　杜鵑子

鮓上壓重石　一偈一喝禪　花笠

臥擁抱籠[13]眠　一夜鮓即成　虹音

亭內暫避雨　品鮒鮓茶漬　青磁楼

雨中嚐鮎鮓　金華山漸晴　濤子

近江石山月　押鮓三井鐘　五友

大川月色涼　瀨田蜆鮓鮮　茂竹

早鮓滋味美　夕簾捲暮色　一艸子

重石壓鮓上　寫歌會良寬[14]　鶯池

蝶自山中來　暫歇鮨桶上　泊月

行至相模國[15]　叢中見鮨宿[16]　普羅

鮎鮓中之鮎　栩栩似猶生　碧梧桐

鮓米白晶瑩　宛若夜中露　碧梧桐

步行下高峰　日正投鮓宿　碧梧桐

夕捕竹筴魚　心喜速醃鮓　碧梧桐

譯注**12**：「箍」（たが）為金屬製或竹製的環狀物，多鑲嵌在桶子上以作固定之用。

譯注**13**：「抱籠」亦稱竹夫人，為一種東亞傳統的消暑用具，由竹皮編成，用法類似抱枕。

譯注**14**：良寬為江戶時代後期的僧侶、歌人。

譯注**15**：約為今神奈川縣。

編按**16**：現今日本的旅遊線也有主打美食的「美食宿」、「料理宿」，以美味料理饗宴為自慢的住宿亮點。故如譯者所見，應為有賣熟壽司的客棧。

初瀨有法師[17]　餓啖竹皮鮓　碧梧桐

名產曲物中[18]　盛鮓鋪葉蓼　碧梧桐

長宿桌上物　盡是朱碗鮓　碧梧桐

見君切押鮓　莞爾以對之　碧梧桐

石壓千千鮓　鮓上染朱色　碧梧桐

習做溫泉鮓　需用廣葉竹　碧梧桐

顱鮓上重石　得以辨狐蹤　碧梧桐

小魚順流來　游入鮓桶中　鼠骨

醃鮓思岩倉　賣鮓見郭公[19]　鼠骨

亂世有佳人　今為賣鮓來　虛子

鮒鮓膳所城[20]　城下漂泊身　虛子

鮨宿搗白米　置米鮨桶中　虛子

白晝何者暗？蚊與壓鮓石　虛子

待鮓醃熟時　作成百韻卷[21]　鷗外

食盤中鮎鮓　思吉野[22]瀑魚　鷗外

醃鮓夜漸深　連歌夜半亭[23]　黑水

鮓飯熟恰好　贈予武士嚐　　黑水

男自夢中醒　起身啖宵鮓　　四方太

朝風吹綠樹　樹下賣鮓郎　　鳴雫

押鮓已熟透　用以喚眠妻　　肋骨

蠟燭與鮓桶　井然庖廚中　　肋骨

隔垣兩相望　把鮓送鄰人　　杷栗

譯注**17**：奈良縣櫻井市的地名，初瀨山上有名寺長谷寺。

譯注**18**：以扁柏或柳杉片製成的圓形容器，為古代日用品，現為特定地區少量生產的工藝品。

譯注**19**：「岩倉」既是地名，也指具有神力、受人敬拜的岩石（漢字又寫作「磐座」）；「郭公」即大杜鵑（布穀鳥）。

譯注**20**：滋賀縣大津市琵琶湖旁的一座城，為日本三大湖城之一。

譯注**21**：「百韻」為連歌、俳諧（皆為日本傳統詩歌體裁）中，由一百句所構成的作品形式。「卷」為這類作品的單位，一卷即為一部作品。

譯注**22**：古指大和國南部（今奈良縣南部）一帶，為日本傳統信仰、佛教信仰的重地。

譯注**23**：夜半亭為江戶時代俳諧的派別之一，共有三代，第一代為早野巴人，第二代為与謝蕪村，第三代為高井几董。

壽司名店

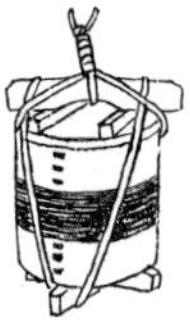

有個組織叫「全國壽司名店展籌備委員會」，顧名思義，昭和四〇年代，有一些壽司名店在百貨公司舉辦了聯合展示會。其中的會員壽司店有：

江戶前握壽司	中央區銀座五	新富寿司
伏見壽司	新宿區四谷四	伏見寿司
法國壽司	中央區日本橋人形町三	今半
洋食壽司	千代田區神田須田町二	肉の万世
粋壽司	中央區日本橋三越內	二幸
東京蒸壽司	中央區西銀座	すし栄
夫婦稲荷	千代田區神田小川町一	喜久家
稲荷壽司	千代田區神田岩本町三	梅もと

大阪壽司	中央區銀座五	日の出
蟹壽司	台東區橋場町二之五	利休
加賀壽司	千代田區神田花房町一之一〇	花びら
茶巾壽司	港區赤坂田町一之一〇	有職
笹巻拔毛壽司	千代田區神田小川町二之一	毛拔寿司
江戸散壽司	中央區日本橋室町一之一四	宝来
鯖壽司	京都東山區祇園八坂新地	いづう
京散壽司	京都中京區京極四条上行	鴨川寿司
芝壽司	金澤市片町	芝寿司
鰻魚壽司	濱松市鍛冶町	新富寿司
竹筴魚壽司	神奈川縣大船站前	大船軒
鱒壽司	富山市新富町	富山ホテル
鯽魚壽司	大津市	坂本屋
蕪菁壽司	金澤市	泉屋

編按1：稻荷壽司亦即豆皮壽司。

叉牙魚壽司　秋田市　さとう
鮭魚壽司　北海道增毛　三越水產事業所

參加這個委員會的壽司店，同一類壽司的店家僅挑選一家，因此有些知名店家並未名列其中。以前的購物指南也有這樣的傾向，意外地看不到某些名店，故不能說這份清單上的壽司店，就是最正宗、最知名（美味）的壽司店。那麼，接下來來看看庶民口碑載道的壽司店吧。

東京信步漫遊知名壽司店

下這樣的標題，就有諸多條件限制了。饑腸轆轆時，不管什麼樣的壽司都猶如人間美味；但酒足飯飽時，應該也食之無味了；再加上當下的氛圍影響等等，變數極多。不過壽司是以舌頭來品嚐其味，這些都是可以克服的問題。這裡僅列出我信步漫遊時所嚐到、認為美味的店家，不過也有些滋味稱不上頂尖，因此這裡列出的店家，僅是嚐過之後，可以抬頭挺胸宣稱「我吃過東京的握壽司」的名單。東京都的壽司店極多，或許有所疏漏，還請多包涵。

千代田區神田旭町	いく代ずし
千代田區神田淡路町	志のだ鮨
千代田區神田駿河台	笹巻けぬきずし
千代田區有樂町	常盤寿司
千代田區麴町	蛇の目ずし
千代田區平河町	奴すし
千代田區麴町會館內	千代田
千代田區九段	すし政
千代田區九段	翁鮨（老字號）
中央區京橋寶町	すし大
中央區銀座	蛇の新鮨
中央區築地	栄ずし
中央區八丁堀	寿司周（老字號）
中央區日本橋	すし芳
中央區八重洲	寿司金
中央區八重洲	おけい鮨

中央區日本橋通	吉野すし
中央區日本橋人形町	しのだ寿司（稲荷壽司）
中央區日本橋人形町	都すし
中央區日本橋人形町	京樽（茶巾壽司）
中央區日本橋人形町	六兵衛（手藝不錯）
中央區日本橋室町	蛇の市
中央區日本橋浪花町	ちまきや
中央區日本橋通	木原鮨（老字號）
中央區銀座西	寿司幸
中央區銀座西	勘八
中央區銀座西	すし栄
中央區築地	江戸銀
中央區銀座	小笹寿司
中央區銀座	すし仙
中央區銀座	なか田（不便宜）
中央區銀座	すし幸

中央區銀座	喜楽鮨
中央區銀座	一声鮨
中央區銀座	新富鮨
中央區銀座	久兵衛（老闆不錯，但很貴）
中央區銀座	ほかけ鮨

高級的壽司店，請務必掂掂自己的荷包之後再進去。以下的壽司店因為味道不差，因此列入其中，請別結帳時才火冒三丈，不過拿來做為趣聞，倒是不錯。新宿一帶有不少壽司店既昂貴又難吃，教人搖頭。

港區芝金比羅宮同排	笹巻けぬきずし（這裡是本店）
港區麻布六本木	おつな鮨（將炸豆皮翻過來的稲荷壽司）
港區麻布十番	恵比寿鮨
港區麻布飯倉	芝寿し（金澤壽司）
港區赤坂	ずし栄
港區赤坂	有職（適合婦孺）

港區新橋	大寿司（點菜時要點「上」）[2]
港區新橋	新富すし
港區高輪	幸寿司
港區赤坂	杉ノ木
新宿區新宿三丁目	亀井鮨（點菜時要點「上」）
新宿區角筈	むらさき
新宿區信濃町	小松鮨（老字號）
新宿區牛込神樂坂	寿司作
文京區本鄉	和かな鮨（位在巷弄，但味道很棒）
文京區湯島	松山鮨
文京區後樂	寿司長
文京區本鄉	三好鮨
文京區小石川音羽通	音羽鮨（老字號）
台東區下谷	初音鮨
台東區上野廣小路	松栄ずし（醋味重）
台東區天神下	松山ずし

台東區今戸	鮨勝
台東區御徒町	三好ずし
台東區淺草北田原	寿司清（點菜時要點「上」）
台東區雷門	宝来鮨
台東區千束	鮨秀
台東區觀音鐘付堂後	都ずし（老字號）
品川區五反田	江戸七
品川區上大崎	広ずし
大田區西蒲田	初音寿司
澀谷區東急會館內	きく鮨
葛飾區堀切站附近	わかな鮨

編按**2**：壽司魚料的等級分為「並」、「上」、「特上」，壽司的價格因此由低到高；「並」用的是便宜的大眾魚，「上」用的可能是黑鮪魚腹肉或鮭魚卵，「特上」用的則是海膽般昂貴的漁產。每家壽司店的安排不盡相同。

大阪的壽司店

前面關西壽司的章節也曾提到的壽司店「福本」為天保年間創業，雖然是家老字號，不過在明治二十四年（一八九一）換人接手後，改名為「福壽司」。心齋橋路原本有一家叫「矢倉鮓」的壽司店，但是在昭和二十年（一九四五）關掉了。現在大阪的壽司店，多半同時供應江戶前壽司和大阪壽司。說到知名店家，淡路町四有一家專賣大阪壽司的「吉野鮓」，標榜「正宗大阪鮓元祖」。只有這家壽司店，「付場」（調理場）依照傳統，與砧板是在不同一邊，兩兩相對。

東區橫堀一家叫「壽司萬」（寿司万）的大店，因為地近米批發商的碼頭，有許多饕客上門，提供的壽司也經得起這些挑剔的舌頭考驗。店裡的招牌壽司是雀鮓。

北區曾根崎中的「豐新」（とよ新），因為靠近梅田車站，採大眾食堂形式。調理場的大砧板是該店的鎮店之寶，為整片檜木，厚達十八．二公分（六寸），長六三〇．六公分（二十一尺），寬九三九．四公分（三十一尺）。這裡的壽司要價不菲，不曉得是不是因為算進了這塊砧板的成本。

還有一家名字不像壽司店的「蛸竹」[3]。大阪人愛吃章魚，這裡本來應該是主要販賣章魚料理的店。傳統壽司飯的配方，一升飯使用九三．七五公克（二十五匁）的甘味調味料，不過到了昭和三〇年代，演變為使用一一二．五公克（三十匁）到一五〇公克（四十匁）的調味料，味道偏甜，但這家壽司店遵循古法，僅使用七十五公克（二十匁）左右的調味料，卻能煮出甘甜的壽司飯，以此為傲。

北邊的曾根崎二丁目，還有一家叫「甚五郎」的店，新創一種名為「河童卷」的小黃瓜卷。

譯注3：日文漢字「蛸」為章魚之意。

各地壽司百態

日本各地有許多傳統壽司，也有些雖然名稱不同，實則樣式相同，這類壽司便僅收錄其中一種，望讀者切勿斥責：「居然漏掉老子故鄉的名產！」這裡僅介紹我所蒐集到的各地壽司。

關西壽司類

從俗稱「大阪壽司」的壽司開始介紹：

大阪壽司（大阪ずし）

一般我們稱為大阪壽司的，是箱壽司與卷壽司的拼盤。箱壽司是在約十二・五公分（四寸）見方的木框中，首先放入壽司飯，接著排上以味醂、砂糖、醬油調味成濃重口味的香菇絲，上面再放一層壽司飯，接著擺上蝦子、星鰻、鯛魚、厚切煎蛋等配料，以蓋子壓實，接著取出，縱橫各切成十二等分。這十二等分是固定的。卷壽司也是一樣，捲入干瓢、香菇、高野豆腐、鴨兒芹等調味較甜的配料。這偏甜的口味是大阪壽司的特徵。

蒸壽司（むしずし）

蒸壽司也反映出大阪壽司的特徵。這是在飯碗中盛入壽司飯，上鋪各種食材，蒸過之後食用的壽司。因為要趁熱吃，只有天寒的季節才會販賣。

雀壽司（雀ずし）

「雀壽司」現在被當成壽司店商號，但其實不是。雀壽司是將大阪灣捕到的兩歲小鯛從魚背剖開，以鹽巴醃漬，風乾後，裡頭塞入米飯，據說由於其圓胖的外形肖似麻雀，故得名「雀壽司」。由於菜單上寫著「小鯛雀壽司」，第一次去大阪看到時，我還以為是用麻雀肉做成的壽司。

據說這雀壽司一開始不是使用小鯛，而是小鯔魚。大阪壽司通吉田三七雄先生告訴我，元祿十一年（一六九八）出版的磯貝舟也著《改正增補日本鹿子》一書提到：「雀鮓，江鮒（即小鯔魚）也。以大量米飯填入其腹，脹如雀鳥，故名雀鮓。」如此說來，雀壽司這個名稱歷史相當悠久。元祿十四年（一七〇一）出版的岡田徯志著《攝陽群談》中說，相當於現在的曾根崎新地西邊的西成郡福島村有家壽司店「福島雀鮓」，十分有名，可見得早在元祿時代，雀壽司便已是大阪名產。寬政年間（一七八九～一八〇一）出版的秋里籬島著《攝津名所圖會》這本地誌裡，福島的雀壽司店開在堂島川沿岸。各藩的「藏屋敷」[1]武士上花街尋芳問柳時，會在路上的茶屋買頂草笠遮臉，雀壽司就是在這些茶屋販賣。這些茶屋的雀壽司，主要似乎是供這些尋芳客充饑，或是當做禮物送給娼妓。

鯖魚壽司（小船壽司，ばってら）

在大阪，鯖魚叫做「ばってら」。有些地方現在仍將小船稱做「ばってら」，我靈機一動，詢問之下，發現這果然是源自於小船「boat」的名稱。葡萄牙話裡，小船叫做「bateira」。現代日語雖然也使用英語的外來語「boat」指稱小船，不過在明治二、三〇年代（一八八七～一九〇六）以前，小船都還是叫做「バッテーラ」（即bateira），然後更縮短一些，變成「バッテラ」（即ばってら）。

道頓堀上的戎橋北端，有家老字號櫓壽司，那裡的師傅常先生出來到南邊的順慶町井戶十字路口自己開店。當時他把用生的窩斑鰂做成的「窩斑鰂壽司」命名為「小船壽司」販賣。將窩斑鰂切成兩片，其中一片放在舍利上，尾巴便會高高翹起，形如小船，因而取了這樣的名字。然而一開始窩斑鰶雖然較為便宜，後來卻愈來愈貴，漸漸不合算，成本壓得常壽司這艘小船幾乎滅頂，只好回歸自古常用的食材鯖魚。大阪人常吃鯖魚，因此需求量大，不過價錢也便宜。如此這般，窩斑鰶壽司變成了鯖魚壽司，但名稱依舊，還是叫小船壽司。鯖魚是尾巴不會高高翹起的小船，然而不知不覺間，「ばってら」竟成了鯖魚壽司的代名詞，現在依然如此稱呼。

起壽司・掬壽司（起しずし・すくいずし）

有兩種名稱，卻是一樣的東西。散壽司放入盒中，以竹皮覆蓋，壓上重石，取出後，以筷子掬起似地，邊翻邊吃。據說是以前堂島的米市投機客忌諱「散」這個字，而取了這樣的名字。

黃丸壽司（黃丸ずし）

將白煮蛋的蛋黃撥散後，拌入飯裡壓製而成的壽司。

譯注1：藏屋敷是江戶時代的大名諸侯用來保管、交易年貢米及特產品等等而興建的倉庫兼宅第。

兵庫壽司（兵庫ずし）

將海鰻的肉磨碎拌入飯中，填入器皿，將鹽水燙過的章魚腳切成小丁，與木耳、青山椒等鋪在飯上，壓實之後切成適當大小食用。

柿壽司（こけらずし）

漢字為「柿」，讀音為「こけら」。這種壽司名稱，現在只有關西通用，寶曆年代（一七五一～一七六四）出版的繪本《浮世麁相草》中便有一張插圖，其中旁白為：

「有客人訂了柿壽司，我正在削木頭準備薄木片。」
「不不不，且慢，柿壽司不是這樣的。」
「老闆請快點。」

此幅插圖畫的是壽司師傅誤會柿壽司的糗態。木頭削下來的木片，關西叫做「柿」，因此壽司師傅誤以為柿壽司就是用這木片做成的。「客人訂了柿壽司」，指的是收到這樣的訂單。此內容證實了

浮世麁相草

寶曆年代便已經有了柿壽司。

柿壽司是在米飯鋪上煎蛋、鮑魚和鯛魚薄片，可以想成是魚肉版的五目散壽司。《守貞謾稿》後集卷之一提到，天保初年，大阪心齋橋通大寶寺町南邊有家叫「福本」的壽司店，柿壽司上的煎蛋、鮑魚片和鯛魚片都有二分（約六公厘）厚，大為暢銷，眾人爭相購買。因為從前的柿壽司，上面的料都只有約五厘（約〇・一五公厘）厚。

雞蛋等物，過往皆極薄。天保初年，心齋橋南有一壽司店福本，雞蛋、生魚片皆厚達一分半餘，甚至二分。因過往僅有五厘厚，故眾人稱賞，爭相搶購，乃至洛陽紙貴，難以購得。此後各店亦一改前態，紛紛仿製，卻無福本之盛況。至今仍為福本一家獨大。

如同引文所說，過去的柿壽司，魚料等等都很薄。自從福本的店將魚料加厚到二分左右，每家店都跟著仿傚，可稱得上是一次壽司改革。

柿壽司也叫小倉壽司、千倉壽司、若狹壽司、淀川壽司等，各地名稱不同。「柿」指的是鋪在屋頂下的杉材削下來的薄板，鋪的時候由上往下層層排列，因為壽司料的鋪法與其相似，故名為「柿壽司」。

當座柿壽司（当座こけらずし）（關西）

這是將大鯽魚切片去骨後，以鹽巴和醋調味，鯽魚卵預先煮好調味，將魚肉和魚卵一起排在拌了酒的飯上，壓製約六小時而成。

釣瓶壽司（つるべずし）（奈良）

有關源義經[2]的戲劇當中，最有名的便是延享四年（一七四七）十一月，在大阪傀儡戲的劇場竹本座上演的《義經千本櫻》，其中吉野下市的「鮓屋之段」（第三段），在歌舞伎當中也是最常上演的經典場面。

落難的平家末裔平維盛[3]投靠吉野下市的壽司店釣瓶鮨彌左衛門家，偽裝成下人，改名彌助，藏身此處。壽司店老闆彌左衛門有個無賴兒子，渾號歪漢權太（いがみの権太），在下市的椎木茶屋遇到

譯注2：源義經（一一五九～一一八九），平安末期至鎌倉初期的武將。助其兄源賴朝擊敗平氏，後來卻因為兄弟失和，反遭討伐，最後自戕而死。後世將其塑造為悲劇英雄。

譯注3：平維盛（一一五八～一一八四），平安末期武將，平清盛嫡孫。曾與源賴朝在富士川對陣，卻驚於水鳥振翅聲，不戰而逃。後來前往追擊源義仲大敗。其後出家，最後於那智跳海自盡。

「東海道程ヶ谷戸塚間　権太坂　いがみ」三代豊国画模

維盛的妻兒若葉內侍及六代君，以及家臣主馬小金吾，識破他們是通緝犯，刁難勒索了二十兩金子，又回到家來，欲向母親討錢未果，遂把勒索得來的金子暫藏在壽司桶中，並將維盛報官。這時天緣巧合，若葉內侍與六代君來到壽司店，與維盛重逢。

這時深愛著彌助的壽司店女兒阿里才得知彌助真正的身分是貴人平維盛，便放下這段身分不匹配的戀情，協助內侍母子逃亡至上市。此時梶原平藏接獲權太通報，前來領取維盛的首級。

老闆彌左衛門由於過去有恩於平家，故而藏匿維盛；先前他將在椎木茶屋抵擋追兵而犧牲的主馬小金吾首級撿了回來，放在壽司桶裡，準備當做維盛的首級交差，卻被兒子權太誤以為是藏了二十兩金子的壽司桶拿走了。權太洗心革面，綁起自己的妻兒，做為內侍母子的替身送來，並宣稱壽司桶裡裝的是維盛的首級，交給梶原。眾人待梶原離去後，檢視梶原留下的物品，裡頭竟有一件袈裟，維盛這才悟出源賴朝對他網開一面，要他出家的暗示，遂前往高野山——是這樣的情節。

延享五年（一七四八），此戲從傀儡戲改編為歌舞伎，在劇場中村座上演。此後直到今日，仍在舞台上搬演不輟。所有的戲劇中，這是唯一有壽司店登場的。

現在下市仍有壽司店「釣瓶壽司」（つるべずし）。

溫壽司（温めずし）（大阪）

溫壽司是加熱箱壽司的米飯而成。將熱騰騰的醋飯放入木桶或盒內，上覆以厚墊，趁著不燙不涼、適中的溫度食用。

松前壽司（松前ずし）（大阪）

大阪的壽司。明治末年，丸萬的老闆用北海道的黑昆布包裹鯖魚壽司製作，採用北海道的舊名松前為名。現在則改用白昆布。昆布的滋味滲透到鯖魚壽司裡，使美味更上一層樓，投合大阪人的口味，現在每家壽司店皆有製作販售，不過「松前鮓」是已經登錄的商標。松前壽司以竹皮包裹紮緊，外形亦十分美觀。就這樣直接拎回家，格外富有雅趣。

五目壽司類

五目壽司（五目ずし）（東京）

將調味過的干瓢拌入壽司飯裡，上鋪白身魚肉、香菇、鮪魚、窩斑鰶、蛋絲等配料而成。有些壽司店還會放上烏賊、魚鬆、鳴門卷魚板、青豆等等。一般的壽司算是正餐之間的充饑點心，但五目壽司是主食，是用來填飽肚子的正餐。

製作方法，以五人份為例，干瓢三七．五〇公克（十匁）以鹽巴搓揉，仔細沖洗乾淨後，置於鍋中煮至柔軟，加入醬油、砂糖、調味料，熬煮至入味，放涼後切成一．五公分（五分）的長度，與醋飯混合。飯上的料有：

鮪魚一八七．五〇公克（五十匁）切成適當大小，並塗抹醬油。窩斑鰶五隻，去鱗去頭去肚，水洗後剖成三片，並排在竹簍上，灑上鹽巴，待鹽巴融化流下後，以水沖洗並拭乾，浸泡在醋裡十二、三分鐘後取出，放在竹簍上。

至於蛋絲的做法，五顆雞蛋攪拌後，加入味醂約一小杯、醬油少許、鹽巴少許、調味料四分之一小匙。白身魚七五公克（二十匁）剁碎，置於砧板以菜刀磨細後，與前面的蛋液混合過篩。用棉花沾取少許胡麻油塗抹玉子燒鍋，倒入蛋液，煎至約三公厘（一分）厚，翻面煎熟。放涼後切成約三公分（一寸）長的蛋絲。

香菇挑選中等大小，形狀一致者，泡水軟化後切除蒂頭，以昆布高湯、醬油、砂糖煮至甜味。

白身魚肉一八七．五公克（五十匁）煮熟後磨碎，置入鍋中，加入砂糖一大匙、鹽巴、食用紅色素少許、調味料四分之一茶匙，以文火炒至略為鬆散，製成魚鬆。

將混合後的米飯分盛為五大碗，再將配料平均鋪排其上。使用墨魚、鮑魚等材料時，先用等量的味醂與醬油調成的醬汁迅速燙煮過，再將剩餘的醬汁熬煮至濃稠後，塗抹其上。這與壽司店利用燙星鰻的湯汁熬煮而成的「詰」（ツメ）、「煮切」（ニキリ）一樣，也有人稱為「照」（テリ）。

蒸壽司（むしずし）

從五目壽司中拿掉鮪魚、窩斑鰶等生魚，將飯盛至大碗，再置入蒸籠加熱。如果不方便盛入大碗再蒸，也可先蒸熱之後，再分盛至大碗。

岡山壽司（岡山ずし）

岡山壽司的特色是發揮了岡山縣人的高度趣味性。據說製作一升岡山壽司，得花上一兩金子，成本相當昂貴。岡山的元老岡長常先生說，即使在現代，若要製作美味的岡山壽司，大概也需要如同下述內容的準備，大費周章：

米一升，假設行情是一五〇圓，藍點馬鮫三二〇圓，蝦子和墨魚三五〇圓，香菇、高野豆腐（凍豆腐）、蓮藕、蜂斗菜、豌豆等五八〇圓，雞蛋一〇〇圓，調味料和木柴一四〇圓，總共一六四〇圓。據說最起碼也得花上這麼多成本。

先將岡山雄町生產的米放入土灶或土鍋，以柴薪烹煮。新米混合舊米，與昆布一同在水中浸泡約一小時後再開火。一開始用文火，中間則調整為中大火。有些地方除了昆布，還會加入僅用土佐節（土佐柴魚）的背肉泡成的湯汁。飯煮好之後，將醋與砂糖、粗鹽各一大匙混合而成的調味料灑在飯上，搧涼拌勻。

待米飯涼得恰到好處，春季使用藍點馬鮫，秋季使用海鰻，預先浸泡在鹽巴、砂糖、少量的酒調味的醋裡，再放置於小竹簍上備用。雙手沾取此調味醋，將飯粒一顆顆撥鬆。這時的重點在於不可破壞飯粒的形狀。

料有香菇、干瓢、星鰻、蝦子；春天則用竹筍、墨魚、蜂斗菜、豌豆；秋天則是新牛蒡、松茸、芽生薑，個別預先煮好。蝦子是一種叫「黑袴」的品種，煮過就會變紅（以鹽水汆燙是個中祕訣），墨魚也是產自近海；牛蒡是足守產、干瓢是邑久都產、蜂斗菜是高島一帶野生的、竹筍是東山山腳下的、松茸是和氣郡產、薑則是岡山市內財田地區的。據說非得使用這些地方的食材，才會好吃，極盡奢侈。岡山壽司的特色，就是像這樣不計成本。

依香菇、干瓢、豌豆、牛蒡、蜂斗菜的順序拌入飯中，蓋上容器蓋子，暫時加壓。這個過程叫「調合」（オリアウ），意思是等待材料與米飯融合在一起。接著將關西說的生魚片「ツクリ」（tsukuri）、松茸、蝦子、墨魚、薑等各式食材鋪上去，再次蓋起加壓，如此便完成了一道岡山壽司。上面灑上蛋絲或「卡斯特拉」[4]。春天的時候，再加上山椒嫩葉，秋季則加上新出的嫩薑。卡斯特拉切成三角型或方型。奢侈一點的地方，還會放上煎過的鯛魚肉。妹尾早島地方會加入藻貝，但被認為不入流。兒島、上道、邑久海岸線地方會加入鰻魚。貝類豐富，是岡山壽司的特色。

最近岡山市內的壽司店會製作岡山壽司販賣。在岡山，稱壽司為「御酢文字」（オスモジ），也許是仿傚宮廷的「女房言葉」[5]，在各種詞彙後面都加上「文字」二字。

飯借壽司（ママカリずし）（岡山）

「飯借」（ママカリ）[6]指的是鯡科的一種小沙丁魚，也叫「腹硬」（ハラカタ）[7]、「斑」（ハダラ）[8]。

專門書上說此魚多產於日本南方淺海，並不特別美味，不過在岡山，每到祭典，都會將這種魚整條放在飯上做成壽司。

這種魚烤過之後，長時間浸漬在兩杯醋裡，直接從頭享用，比做成壽司更美味。

鮪壽司（ツナシずし）（岡山）

「鮪」是窩斑鰶的別名，雖然美味，但據說烤過之後會有臭味，是其缺點。不過做壽司用的是生魚，因此不會惹嫌。這是岡山特有的壽司，每到祭典，就會端出這種壽司，是整尾放在飯上。

岡山的「壽司」，全部都是「散壽司」的形式。

譯注4：傳統卡斯特拉（カステラ，一般翻譯為蜂蜜蛋糕）是葡萄牙傳至日本發展的糕點，原料為雞蛋、麵粉和砂糖，並不像現在普遍流傳的有蜂蜜。
譯注5：宮廷或將軍後宮的女性之間所使用，關於各種日常生活用品的暗語。
編按6：其魚肉很下飯，以至於需要到鄰居家借飯的程度，所以暱稱為「飯借」。
編按7：「腹硬」是關西地方的別名，腹部的魚鱗特別硬，因此取名。
編按8：讀音為hadara，因為魚身上有斑點，因此在佐賀、熊本地方的人稱這種魚為「斑」。

混合壽司（かきまぜずし）（紀州）

這是紀州的高野山周邊，日高郡、牟婁郡的山區常做的一種五目壽司，主要將蔬菜拌入飯中，分盛到碗裡，直接食用，算是一種「混壽司」（まぜずし）。由於放的是當令蔬菜，因此種類不定，有紅蘿蔔乾、牛蒡、干瓢、香菇、凍豆腐、竹筍、莢豆、豌豆、蛋絲、紅薑等等，也有很多地方以芋莖乾取代干瓢。

神戶壽司（神戸ずし）（兵庫）

主要使用星鰻、玉子和香菇製成的押壽司。不像大阪那樣以魚類為主，是其自傲之處。除了箱壽司（和押壽司一樣），海苔卷也使用上述的材料製作。香菇的香、星鰻的滋味宛如會呼吸一樣，妙不可言，有人認為滋味清淡，不過這三者的味道渾然一體，形成另一種完整的滋味。告訴我這種壽司的人認為它的海苔味太重，但這是因為海苔挑得不好，由於材料近似五目壽司那種拌飯的料，因此不宜直接使用東京風格的卷壽司海苔，而應挑選味道合適的。神戶壽司的海苔確實有些太韌，不易咬斷，弄個不好，裡頭的飯都吃進口裡了，海苔卻還留在原處。不應光考慮海苔的色澤，若挑選口感爽脆、入口即化的海苔，滋味一定會更好。

茶巾壽司（茶巾ずし）

製作一大片玉子燒，放入五目飯，再將玉子燒的四方合攏，以干瓢綁起。由於形狀就像茶巾[9]，因此得名。

藤壽司（藤ずし）（伊賀）

這種壽司流行於三重縣伊賀上野地方。在小卷海苔卷上點綴藤葉，藤葉的清香隱約滲透壽司，形成難以言喻的妙味。藤花盛開的時節，西本願寺會向禁宮進獻「六条飯鮓」及「奈良飯鮓」，不過據說這藤壽司與這些壽司並無關係。

蜂斗菜壽司（蕗ずし）（伊賀）

將加入大豆的鮓飯以蜂斗菜葉包裹，蒸至葉子變黑而成。據說常拿來做為下田時充饑的小點。

編按9：這裡指的茶巾是和菓子當中以茶巾扭轉而製成的茶點，豆沙上留有茶巾扭轉的痕跡，有種趣意。

竹筒小藥盒壽司（筍の印籠ずし）（伊賀）

竹筍預先保留下方的節，燙至可直接食用的狀態後，填入五目壽司飯，切成適當的大小食用。

兔壽司（兎ずし）（伊賀）

在壽司飯灑上染色後的卯花（豆腐渣的雅稱），見於三重縣多山的地區。也有些地方是加入卯花、豆皮和香菇調味後的壽司飯做成握壽司。還有另一種製法，是將調味過後的卯花，或卯花與白米混合，代替海苔卷裡的飯。也有將卯花填入魚肚的做法。

夫婦壽司（夫婦ずし）（伊賀）

將米飯染成青色與紅色，用一片海苔交互捲起，因有鶼鰈情深、吉祥如意之意，曾是婚禮或金婚、銀婚典禮上不可或缺的料理，不過這陣子每到祭典便常有人做，夫婦壽司的名稱漸漸名不符實了。

揉壽司（コネずし）（伊賀）（愛知）

這是將五目壽司按壓切塊的押壽司，由於形狀很像揉捏過的東西，故得此名。名古屋地方也有。

墨魚壽司（いかずし）（伊賀）

將小墨魚切除足部，煮過之後填入五目壽司製成。此種壽司盛行於沿海地區。三重縣的山區，會仔細清洗墨魚後，在墨魚肚裡填入白米蒸熟，蒸好的時候在切口抹上蛋白。

切壽司（切りずし）（愛知）（群馬）（山梨）

另一種版本的五目壽司飯，主要材料為干瓢、紅蘿蔔、牛蒡、竹輪、香菇，愛知縣地方還會加入小黑鮪。濱松地方使用雞蛋、靜岡的大井川旁的金谷地方使用黃蘿蔔、長野的佐久到上田地方使用雞蛋和田麩[10]。山梨縣一帶使用雞蛋、田麩、芋莖。稍遠一些的群馬縣甘樂郡地方使用芋莖和田麩。前橋

譯注10：田麩是一種以砂糖、醬油、鹽巴、味醂等調味製成的魚鬆。

地方僅使用田麩。

混壽司（混ぜずし）（大阪）

五目壽司、散壽司、蒸壽司也都算是一種混壽司。混壽司並不是商品，而是在自家製作這類壽司時，就俗稱混壽司。

櫻壽司（桜ずし）

據說是從櫻餅[11]發明的。壽司飯做成五目飯，以染成淡紅色的玉子燒包裹，外層再包上櫻葉而成，是頗為奇特的壽司。

伊賀五目

三重縣伊賀地方的壽司。在壽司飯裡拌入干瓢、香菇、高野豆腐（凍豆腐）、豆皮等乾物，以及紅蘿蔔、鴨兒芹、波菜等蔬菜，還有煎蛋和鮒仔魚乾而成。由於地近伊勢灣，才有辦法用鮒仔魚乾做為材料。

抓壽司（つかみずし）

這是大阪的壽司，不是捏成糰狀，而是抓起一把飯直接放到盤子上端給客人。由於沒時間等飯涼，因此趁熱抓起一把，抹上山葵就端出去。這主要是在名叫「雜魚場」的魚市裡，忙碌的早晨時段販賣，因無暇一一捏製，才發展出此種形式。這是明治二十五年（一八九二）左右，由雜魚場一家叫「池市」的壽司店所發明。

熟壽司類

熟壽司的製法起源十分古老，現在仍留存於各地。也有些地方把熟壽司稱為「腐壽司」（くされ鮓）。製法反映各地特色。

譯注11：以櫻葉包裹製成的麻糬點心。

香魚全魚壽司（鮎の姿ずし）（伊賀）

材料為十八公分（六寸）左右的香魚五條，醋放得稍微多一些的壽司飯三六〇毫升（二合）。醋和鹽巴是標準材料，首先香魚帶頭，去掉魚鰓和魚腸，水洗之後拭乾。魚肚朝右直放，從魚腮下方切開魚肚直到尾巴，注意魚背不要斷開。仔細去除魚骨和魚肚的小骨，灑上鹽巴，魚頭多灑一些，放置約二、三個小時。

鹽巴完全融化後，以清水洗淨拭乾，浸泡在醋裡約二十分鐘。取出放到布巾上拭去醋水，將壽司飯填入魚肚，捏起來似地合攏魚身，以布巾包裹，理好形狀。

這整隻香魚的壽司可立即食用，或一次大量製作，重疊放入灑了醋的木桶或缸裡，蓋子直接壓在魚身上，壓上中型重石，隨著時間經過，米飯會變得像麴一樣，更添滋味。

香魚下壽司（鮎の下ずし）（紀州）

三重縣與和歌山縣之間的熊野川出產的香魚香氣過人，是當地引以為傲的名產。將這裡的香魚水洗之後剖腹去骨，魚肚填入鹽巴，就像醃黃蘿蔔那樣，置於木桶中醃漬。一般會大量製作，一次醃上三百至四百條。醃漬約三十天後，取出香魚，洗去鹽份，將煮得跟「強飯」[12]差不多硬度的米飯填入魚肚，用竹皮包裹，置入別的壽司桶，此桶大小約四十分公分（一尺五寸）、六十公分（二尺）、高三十公分（一尺），密實地填滿，蓋子直接放置其上，壓上約七．五公斤（二貫目）的重石，再整個放入更大的其他木桶儲存，避免直射日光。以竹筒引來溪流清澈的冷水，使其不間斷地流過外桶，約一個月左右，香魚便會完全熟成，來到最美味的時候，這時取出需要的量，以竹皮包裹，切成約三公分寬食用。所謂「しもずし」（下鮨、下壽司），也許指的就是「下鮎」——產卵後順河而下死去的香魚。

香魚腹合（鮎の腹合せ）（紀州）

紀州熊野溪流深處的筏夫常做這種壽司。米飯配上九十毫升（五勺）至一八〇毫升（一合）的醋，以及一四四毫升（八勺）的炒鹽，將香魚開肚，泡水一整個早上去除鹽分後，填入一二六毫升（七勺）左右的米飯，兩尾魚肚對魚肚，以一葉蘭緊緊包裹，置於木桶中，每一層以一葉蘭區隔，疊上四、五層後，一開始以輕的重石，隔天換成更重的重石，在十二月初醃漬，於過年期間享用。每打開一層，重石就換成更輕的。來到中間左右的時候，滋味最佳。日高川一帶遇到婚禮，都一定會以

譯注12：以甑蒸熟的米飯，口感較硬。

昆布包裹這種香魚交抱壽司來宴客。以「よろ昆布」（此昆布日文音近「喜悅」）來包裹交抱的香魚（香魚日文音近「愛」），取其吉利之意。

鯽魚壽司（フナずし）（近江）

室町時代有個叫錦織源五郎的人，是琵琶湖一帶專管漁獵的大老，每天早上都將一尾大鯽魚進貢給京都御所，使得那裡的鯽魚有了「源五郎鮒」[13]的名稱。儘管確切年代不明，但元祿年間（一六八八~一七〇四）出版的《本朝食鑑》卷之七中提到「江州琵琶湖之鮒為第一」。這種鯽魚壽司，也是從「熟壽司」發展而來。

關於它的製法，首先以布巾包裹鯽魚，放在砧板上，以菜刀敲打，去除兩面魚鱗。接著切除魚頭，開肚去魚腸。這時要留意不可弄破魚肝。若不慎弄破魚肝，臭味便會瀰漫整尾魚，其臭無比，難以入口，絕對會把人嚇到「肝都裂了」（日語形容驚訝的比喻）。接著以水沖淨拭乾，剖成三片，去除魚骨。魚皮朝下，以薄菜刀每隔約三公厘（一分）劃刀，切至魚皮，但不可把皮切斷。這是俗稱的「切鯽魚骨」。若不這麼處理，鯽魚的小刺實在太多，難以食用。完成之後，將魚身切成五塊左右，浸泡在水三六〇毫升（二合）、等量的鹽巴、調味料三．七五公克（一匁）、醋一八〇毫升（一合）而成的醃漬液中，放置約一小時半。

這段期間煮好米飯。以五條共三．七五公斤（一貫目）的鯽魚製作壽司，需要煮三．六公升（二升）的米。趁米飯還熱的時候，在壽司飯桶裡把飯和剛才深缽裡的鯽魚交替堆放。最底下和各層之間，可以先墊上竹皮，薄薄地灑上一層鹽巴，取出時便可保持形狀完整，頗為方便。像這樣疊好後，最上面蓋蓋子，壓上重約一貫目的重石。夏季的話，醃漬第三天的時候最為美味。

鯽魚如果沒有三十公分（一尺）長的，適當大小的都可以。米飯不必特地灑醋，隨著時間經過，自然就會有發酵的酸味出來，滋味濃醇。

這種鯽魚，一般稱為「源五郎鮒」，但當地人稱為「似五郎」（ニゴロ）[14]或「魚」（イオ）[15]。三七五公克（一〇〇匁）以內的小型鯽魚，叫做「ガンゾ」。但是詢問當地人這些魚跟源五郎鮒是同一種魚嗎？答案卻曖昧模糊，頗不明確，所以最好別斷定它們是同一種魚。「ガンゾ」在土用（立春、立夏、立秋、立冬前的各十八日期間）時期醃漬起來，過年的時候正好連骨頭都變得柔軟，熟成美味。若是七五〇公克（二〇〇匁）到一．一二五公斤（三〇〇匁）的大鯽魚，據說要醃上整整兩年，才能到真正美味的程度。鯽魚壽司的特色是不管醃上多久都沒有問題，有些醃了十年左右，做成「鹽切」食用，滋味依舊不變。所謂「鹽切」，是將魚去魚鱗和下巴，從下巴缺口處用鐵絲取出魚肚

譯注**13**：「鮒」即是鯽魚。
編按**14**：漢字為「似五郎」，因為類似源五郎鮒之故。
編按**15**：溯溪而上產卵的鯽魚，在水面上引起群山的模樣，被形容成「魚島」，故有這個地方性的別名。

裡的腸肚，再將鹽巴盡量填入魚肚裡，在壽司飯桶中將鹽巴和魚交疊醃漬重壓而成。三．七五公斤（一貫目）的魚，約使用一．八七五公斤（五〇〇匁）的鹽巴。醃漬的時間，有人說十天到一個月就夠了，也有人說醃個一年，肉質更緊實美味，眾說紛紜。這種「鹽切」就算醃上更久也不會腐壞。

還有一種叫「本漬」的醃漬方法。這是將鹽漬的魚泡在水中去除部分鹽分。浸泡時間在十五分鐘到兩小時之間，這需要一些竅門，如果水泡得太久，鹽味會跑光，但只泡個十五分鐘，又會太鹹。去除部分鹽分後，放在竹籃上瀝乾。在壽司飯桶中鋪上米飯，排上鯽魚，上面再鋪一層飯，如此重覆，最上面一層鋪竹皮。以稻草裹緊，牢牢地蓋上蓋子，放上重石。這時用的米飯必須煮得硬一些，鯽魚和米的分量，約如同前面所述。米飯的量多一些較好。醃上一天後，桶子置入更大的水桶裡。飯有鹹味比較美味。最好的醃漬時期是七月土用期間。

宇治丸壽司（宇治丸ずし）（近江）

這是使用瀨田的鰻魚製成的壽司，將宰好的鰻魚洗淨後拭乾，切成三、四塊，酒裡放入稍多的鹽巴混合，將鰻魚浸泡於其中一晚，隔天改為一般的鹽醃，接著以紫蘇葉等包裹，用中等重量的重石壓置，做成壽司。

香魚竹筒壽司（鮎の竹ずし）（近江）

將青竹切成一節一節的筒狀，筒口綁上繩子，在腰間吊上許多個，就像驅逐鳥獸的響器「鳴子」，裡面裝上鹽巴和醋，前往釣魚。釣到香魚後，當場擠出糞便，用河水仔細清洗，活生生地頭下尾上塞入竹筒內。裝有香魚的竹筒受熱便會前後左右搖晃，回到家的時候，剛好被溫熱及醋所催熟，加上竹筒的芳香滲透，釣客皆說，拿來做成壽司，美味天下一品。

鯡魚壽司（ニシンずし）（東北）

鯡魚泡水使其柔軟，白蘿蔔切對半，半乾之後排成一列，鯡魚並排其上，灑上鹽巴與麴，繼續排上白蘿蔔與鯡魚，堆置數層後，壓上重石，熟成數日，視其熟成狀況食用。

杜父魚壽司（カジカずし）（栃木）

杜父魚做成的壽司，也叫做「九日壽司」（九日鮓）。七、八月的時候，將正值肥美的杜父魚鹽醃起來，在陰曆九月九日的三天前取出，泡水去除部分鹽味後，和以醋調味的米飯交互疊放在木桶裡，鋪上柿葉醃漬。壓上重石，三天之後的九月九日食用，故名「九日壽司」。

鰡魚壽司（まがりずし）（東北）

以鰡魚做成的壽司。將鰡魚醃至略鹹，把米飯和麴在木桶中混合備用，鰡魚放入其中醃漬，壓上半天左右，切塊食用。

泥鰍壽司（ドジョウのすし）（東北）

泥鰍宰殺之後，先鹽醃再泡酒，接著置於拌入大量鹽巴的米飯中醃漬，待熟成後食用。

小鯛無飯壽司（小鯛飯無ずし）（宮城）

小鯛去魚鱗腸肚，去頭去骨，泡在加了炒鹽[16]的醋中約一小時，取出後以布巾確實包裹，壓上重石。因為不用米飯，可以品嚐到小鯛純粹的滋味。

蛋黃壽司（きみずし）（三重）

雞蛋加入砂糖、醋、鹽、調味料，做成手捏了不會沾黏的炒蛋，過篩後備用。車蝦用鰻魚籤從肛門穿過頭部，放入加了鹽巴（或燒酎〔日本燒酒〕）的熱水，大火汆燙後搧涼，剝殼之後從肚子剖開疊起，用較輕的重石壓著。

壽司壓盒底部鋪上沾溼的厚實日本和紙，車蝦紅色的背部朝下並排，上面平鋪炒蛋，蓋上蓋子，壓上約一塊磚頭重量的重石，放置約一小時，取下盒子，從紙上切開。製作時需注意，如果炒蛋放得太多，會無法成形，高級的壽司僅使用蛋黃。除了車蝦以外，一般也使用香魚、針魚等等。五尾車蝦的話，約使用七顆雞蛋，砂糖兩大平匙、醋一大匙、鹽巴一小匙、調味料半小匙。

秋田壽司（秋田ずし）

在熱飯裡拌入麴，加上鹽巴，放上叉牙魚或鮭魚肉，覆上竹葉，以重石壓製。是一種押壽司。

譯注16：焼塩。舊時的鹽巴精製度低，鹽滷（氯化鎂）成分較多，易受潮，故會以炒、焙等方式將鹽巴重新處理，去除溼氣及苦味。

叉牙魚壽司（ハタハタずし）（秋田橫手地區）・鮭魚壽司（サケずし）

秋田縣一帶特產的壽司。在熱飯裡拌入麴和鹽巴，放入木桶，覆上竹葉壓實後取出，再以叉牙魚包裹端上桌。鮭魚也是一樣的做法。

鱒魚壽司（鱒ずし）（富山）

鱒魚壽司全國知名，連車站都有販售。到了五月，神通川便有鱒魚溯河而上。這個時期的鱒魚最為肥美，因此一般認為鱒魚壽司應在五月到七月品嚐，但近來使用冷凍鱒魚，一年四季皆可嚐到。包壽司用的竹葉，是立山的山竹葉，趁著夏季的土用期間預先採收，晒乾後保存備用。使用的時候，先以熱水煮約三十分鐘，使其恢復色澤，仔細擦乾，消毒後使用。

業者一般使用圓形容器，據說這是因為醃漬的時候，使用約三十公斤（八貫目）的重石壓製，圓形容器才能承受重石的壓力，若使用方形容器，有可能破損。

鱒魚的漁獲期從十二月到整個七月，盛產期間的鱒魚最為美味。業者會趁著盛產期大量捕撈冷凍，使魚肚裡的寄生蟲徹底滅絕。鱒魚有大有小，重達三・七五公斤（一貫目）的，就剖成三片，去骨去皮，切成約六公分（二寸）寬的塊狀，再片成薄片。若是一・一公斤（三〇〇匁）重的大鱒魚，一尾可以做八桶。

將魚身一片片排好，灑上比一般烤魚更多一些的鹽，標準為放置一小時。接著再放入醋中醃漬，雖然每條鱒魚不盡相同，但一般大概醃上三十分鐘即可。取出之後，將壽司飯堆成容器的形狀，再將魚料放置其上。鱒魚壽司用的飯，烹調方式另有訣竅，必須煮得比握壽司的飯更軟一些，夏季和冬季也必須隨氣溫做調整。製成容器形狀的壽司，以山竹葉包裹後放入容器，壓上重石，如此便大功告成。容器上下各用兩根竹子夾住，以野藤綁緊，可避免蓋子鬆脫移位，還可防止腐敗，即使在夏季送至遠方，滋味依然不變，是當地人的驕傲。

這神通川的鱒魚壽司，從初代藩主前田利次在寬永十七年（一六四〇）成為城主開始，便是進貢給歷代幕府的貢品。二代藩主前田正甫實施水產獎勵政策，有人想出進一步利用中神通川的鱒魚和香魚的方法，享保二年（一七一七），藩士吉村新八發明這種鱒魚壽司，獻給正甫，鱒魚壽司遂成為進貢幕府的物品之一。據說八代將軍吉宗對它的味道很感興趣，還詢問過醃漬方法。

後來不僅是進貢給將軍，鱒魚壽司還隨著富山的反魂丹[17]進贈給江戶城幕府御用部屋（辦公廳）的閣老及後宮大奧裡的女性。由於受到將軍褒獎，打響名聲，其製法至今依舊流傳。

譯注17：反魂丹是日本中世紀流傳的家庭醫藥品，對腹痛有療效。

鱒魚全魚壽司（鱒の姿ずし）（滋賀）

雖然一樣是鱒魚壽司，但這是將較小的虹鱒連頭帶尾放在飯上做成的壽司，由於形姿完整，故叫「全魚壽司」（姿ずし）。這是東海道本線米原站的名產，受到旅客的熟悉與喜愛。富山壽司雖然屬於熟壽司，但這種鱒魚全魚壽司滋味更接近握壽司。材料使用米原東鄰醒井站後方的滋賀縣縣營養鱒場所產的美國虹鱒。因為使用的是美國魚，也許可歸類為洋風壽司。醒井的養鱒業始於明治十年代（一八七七～一八八六），歷史悠久，是東方首屈一指的養鱒場。這裡由於水中富含石灰質，養出來的鱒魚魚皮柔軟，特別美味。虹鱒重約一〇〇公克，長約二十公分，大小正適於食用。迅速剖開去骨，由於魚鱗細小，因此不加處理，灑上鹽巴放置約七小時，洗去鹽分，放入醋中醃漬。據說冬季魚肉緊實，更為美味。隔天將入味的鱒魚放在壽司飯上，以布巾包裹，依魚的形狀捏好。完成之後，縱橫劃刀，切出菱紋。配上小瓶醬油、薑及當季水果，一份一百圓，銷路極佳。

鯡魚壽司（鰊ずし）（岐阜）

在美濃揖斐的西北地方，以白蘿蔔、米飯和鹽醃鯡魚乾混合製成的壽司。十二月初，將強飯與白蘿蔔絲仔細拌勻，與鯡魚乾交互排在壽司飯桶中，拌入鹽巴。以重石壓製約一個月，於過年期間食用，是年節不可或缺的壽司。製作的訣竅之一，是將壽司桶倒過來放置，以去除桶中的水氣。每一戶人家都會製作，一次使用三、四串鯡魚乾，每串一百尾。即使同樣是美濃，在與越前（相當於現在福井縣中北部）地方交界的村子，當地人都說：「這鯡魚乾是越前的商人翻山越嶺過來賣的，所以很昂貴，但如果過年沒吃到鯡魚壽司，感覺就不像過年。」同樣的製法，有時也會改用河鱒、皐月鱒等河魚。

手捏壽司（てこねずし）（伊勢）

這是伊勢志摩地方盛行的壽司，根據製作者的喜好，形式千變萬化。一般來說，船越地方會先將醬油煮沸，加入砂糖後放涼，將切成大塊的魚身放入其中，五分鐘後取出，瀝掉多餘的醬汁。醋飯煮得稍硬，以砂糖調味，放在板上冷卻後，在容器裡鋪上約六公分（二寸）的飯，上鋪魚肉，以手壓實，再依米飯、魚肉的次序交互重疊，壓上重石，然後以飯杓切分，盛至其他器皿。調味辛香料有芝麻、薑，春秋主要使用鰹魚、小黑鮪等赤身魚，這時會將魚身浸泡在醬油裡調味約五分鐘，其餘如同前述，砂糖愈多愈好，但醋若是泡久了，魚肉色澤不佳，不受喜愛。這種壽司不使用蔬菜。

若是賢島地方，則使用鰹魚、花鱸、鯛魚、魛仔魚等，製法相同。片田地方使用鰹魚、鰤魚、鰡頭鯖魚。這個地方的手捏壽司還使用牛蒡、紅蘿蔔、豆腐、蒟蒻、芋頭、白蘿蔔，製法和前面說的一樣。磯部地方會將蔬菜（紅蘿蔔、牛蒡、香菇、莢豆）和米飯混合，上面放蛋絲、甜海苔、莢豌豆，有時候會放酢魚，製法如同前述。即便是同一地區，使用的材料也有如此大的差異。從這裡也可以看出，比起京都的伊勢文化，江戶與名古屋的文化影響更大。

大名壽司（大名ずし）．繩卷壽司（縄巻ずし）（紀州）

和歌山縣的田邊町附近，有一種繩卷壽司。古時有三樣東西，只有藩主才能擁有，其中之一就是繩卷壽司。這塊土地有個叫庄司的武士，以一子相傳的方式製作這種壽司。藩主嚴禁庄司提供這種壽司給藩主以外的人，因為繩卷壽司要用來致贈藩主的親戚土御門家及江戶的德川將軍家，故禁止其流通民間。

這種壽司使用的魚，冬季是一種叫青箭魚（サゴシ魚）的魚類，先剝除魚皮，用魚肉包裹磨成泥狀的日本薯蕷，再用四支竹子夾住似地裹住周圍，以新的稻草繩層層纏繞，將其吊掛在空氣清新的地方七天，日本薯蕷泥便會自然發酵，成為壽司。日本薯蕷必須上山採收，得來不易，即使想用山藥泥替代，也光只有黏性，卻無法凝固成形，這也是此種壽司一般不會拿來販賣的緣故。由於只有主公訂購的時候才會製作，據說有不少特地從大阪到現今的白濱溫泉、從前的鉛山溫泉泡湯療養的富豪等各路人物，想方設法要購得這種繩卷壽司，一窺奧祕。

進出庄司大宅的町人無論如何都想嚐嚐這繩卷壽司，請下人居間，待主人心情好的時候，代為美言，說明該町人品行端正，務必想要一嚐貴府製作的壽司，以為此生紀念，並願致贈薄禮，聊表謝意，終於獲得主人首肯：「此人雖為町人，其誠心令人感動，要他某月某日夜半三更時刻過來吧。」然後在當天之前，做好了一份繩卷壽司。町人身穿染家紋的全套禮服，在下人帶領下，趴跪在中庭等待，主人庄司出來說：「你一介町人，居然妄想一嚐主公珍愛之壽司，實為僭越，但據聞你平素為我家鞠躬盡瘁，雖屬平民，仍值得嘉獎。故雖為禁忌，仍特為破例製作一份贈與，萬不可向外人洩漏。」一語畢匆匆進屋去了。同時町人亦留下一包金子，帶著壽司逃也似地離去。

但即便是自詡海內無雙的壽司，也不敵時代的潮流。在明治維新的動亂中，武士失去身分俸祿，這名庄司也淪為平民百姓，掛出「藩公御留鮓」的招牌，開起繩卷壽司的店來做生意。繩卷壽司流傳至今，留下了「大名壽司」的名稱。

弁慶壽司（弁慶ずし）（紀州）

從前的繩卷壽司使用青箭魚，但產期有限，因此沒有青箭魚時，便使用甘鯛、鯖魚、金線魚、藍點馬鮫等魚類替代，有個進出庄司家的柴薪鋪兒子栗本昭吉，仿製繩卷壽司販賣，並改了名字，叫做「弁慶壽司」[18]。明治十五、十六年（一八八二、一八八三）時，大阪也開了販賣牛肉料理的店，許多人前去嚐鮮，但因為習俗上女人不吃四足動物，於是較大型的牛肉店便提供這種弁慶壽司給女客。不過據說滋味遠不及繩卷壽司。

鏡壽司（鏡ずし）（紀州）

和歌山地方的壽司。製法和柿壽司一樣，但上頭的魚大多使用鰈魚的白身肉，由於肖似鏡子的白，故特以此名稱之。

鯖魚棒壽司（鯖の棒ずし）（伊勢）

在三重縣津地方，會將鯖魚做成東京風格的棒狀壽司。在京都，外側使用竹皮，但是在伊勢地方，則是使用石韋葉或芭蕉葉包裹。

甘露漬（甘露漬）（近江）

將鯽魚壽司最後以酒粕醃漬，就會變成甜味壽司，故有此名。這似乎是為了去除鯽魚壽司特有的臭味。雖說人各有所好，但更多人說，應該從一開始就醃漬成芳香美味的壽司，而不是需要用酒粕去除腥臭的壽司。

小魚壽司（メズシずし）（近江）

這是近江地方用鯖魚或小竹筴魚做成的熟壽司。這些魚是捕不到鯽魚時用來充數的小魚，總稱為「メズシ」。

魦魚壽司（イサザずし）（近江）

使用此地捕到的「魦魚」製作的熟壽司。仔細清洗後，與鹽巴混合放置約五天，與切成細長狀的白蘿蔔和紅蘿蔔一起和米飯拌勻，醃漬約十天。有蔬菜混合其中，是它的特徵。

譯注18：武藏坊弁慶（？～一一八九），平安末期的僧兵，武將源義經之手下。後世歌舞伎等創作將其塑造為武勇忠義的角色。

蕪魚壽司（蕪ずし）

北陸的金澤地方、紀州的伊都郡北部、美濃的揖斐西部地方，有一種將叫做「蕪魚」的魚和麴混合，以重石壓製而成的壽司。與前面提到的鯡魚壽司製法相同。

海苔卷類

壽司裡面，一般家庭最常做的就是海苔卷及稻荷壽司。海苔卷較容易做，因此更受歡迎。本書雖非食譜，但還是解說一下海苔卷當中細卷的做法。不過是東京風的做法，特此聲明。

細卷（細巻き）（東京）

竹簾打開，以沾水的布巾仔細拭淨。水裡放一些醋，亦可同時消毒。放上半片海苔，右手輕抓一把飯，輕按上去似地一口氣攤開在海苔表面上。在距離自己約四．六公分（一寸五分）的位置處，以右手食指輕按出一條淺溝，裡面迅速抹上山葵，將材料放入此溝。做干瓢卷的時候，不放山葵味道較為搭配。但鐵火卷（鮪魚卷）少了山葵，味道就差了一截。捲竹簾的訣竅，是從靠自己的一邊開始，折出直角般捲上兩圈半。有人說海苔卷一定要是圓的，但此話並無根據。

技術不好的人，會用力將米飯按壓在竹簾上，並且花太多時間把米飯攤開。捲的時候擔心海苔無法完整地貼合在一起，所以飯放得少，或是不敢將飯攤開到前後兩邊，導致做出來的海苔卷形狀不佳。由此便可以看出壽司店料理師是見習生還是師傅。如果料塞太多，取下竹簾的時候，細卷的海苔可能會破掉，露出裡頭的飯和料。如此一來，不僅賣相差，而且根本無法端給客人。技術愈差的人，為了避免海苔破掉，愈不敢放料。高明的人在捲竹簾的時候，海苔的前後約六公厘（二分）處，會剛好在竹簾的底部中央貼合起來。這樣的細卷拿起來挺直美觀。如果料放太多、或是中心歪斜、料露出來，就論不上美觀了。中央會軟趴趴的，像要拆除的煙囪般歪折。這可配不上江戶風「直爽」的名號。

米飯像飯糰一樣壓得密密實實，或是像摘掉假牙的老人嘴巴般軟綿綿的壽司，吃起來不可能美味。

據說卷壽司本來是不切的，捲好後就這樣一整條直接拿起來吃，最為美味，不過這種說法，是因為擔心切不好讓海苔破掉、支離破碎，而想出來的藉口。說這種話的料理師與其說是怕菜刀，更是切海苔卷的刀法不精。婦人家拿著一根長長的東西從頭啃起，那畫面實在談不上賞心悅目。像啃玉米那樣橫著食用也很奇怪。切成八等分食用，有助於食客用餐時的美觀。近來有愈來愈多人不是為了保存滋味，而是為了標新立異，直接一整根拿來吃。其實愛怎麼吃，是不必向人解釋的。只要是奉行美味至上的主義，就沒有對錯可言。

切成八等分也叫「卸八塊」（八つに下す），是切細卷時的慣例做法。不過干瓢卷是切四等分，鐵火卷則是切六等分。

河童卷（小黃瓜卷，カッパ卷）、瓜卷、醃菜卷（お新香卷）算是點心，用來取代茶點，因此一條切成八等分。切好後的細卷，切口要上下擺放。

鐵火卷（鮪魚卷，づけ卷）是裡面包赤身鮪魚肉的細卷，基於味道與口感的關係，切成六等分。一樣是切口朝上下擺放。

干瓢卷因為也叫「鐵炮卷」，若是切成八等分或六等分就太短了，不像鐵炮，故切成四等分，切口朝左右橫放，端至客人面前，這是壽司店的常規。

雖然也不是裝行家，在最後以海苔卷收尾——「卷收」（卷きおさめ），不過吃完卷壽司後再點握壽司，以吃法來說是旁門左道，會妨礙味覺。還有，海苔卷不宜蘸太多醬油，會減損滋味，若想美味地享用海苔卷，就應該避免這麼做。如此才能品嚐壽司純粹的原味。

捲得不好的海苔卷一浸到醬油裡，就會整個變形，飯粒在醬油裡散開，連想要享受完整的壽司都沒辦法。手藝好的師傅做的海苔卷就不會有這種情形，可以放心。

黃蘿蔔乾卷（沢庵巻）

顧名思義，是包黃蘿蔔乾的海苔卷。

味噌漬卷（みそ漬巻）

包的是味噌醃漬而成的材料，有時也有牛蒡或紅蘿蔔乾，但最常見的還是白蘿蔔或瓜類。

奈良漬卷（奈良漬巻）

內餡為瓜類奈良漬的海苔卷。

窩斑鰶卷（コノシロ巻）

窩斑鰶在日語裡面，約十五公分小魚的時候叫「小鰭」（コハダ），成魚之後就叫「鰶」（コノシロ）。這是以成魚窩斑鰶做成的海苔卷。以拔毛夾去骨，汆燙之後浸泡在醋裡。夏季會多用一些醋。

除了窩斑鰂，還會一起包入醃薑片切成的細絲。

貝柱卷（はしら卷）

包貝柱的海苔卷。相較於將貝柱放在舍利上捏成的握壽司，又有一番不同的滋味。

蝦蛄卷（シャコ卷）

如果做成握壽司，會在其上塗抹煮切醬（甜的醬汁）。也有人偏好不塗醬，而是改放山葵。有卵的蝦蛄特別好吃。

薑片卷（ガリ卷）

把薑片切成細絲包入而成。滋味頗為美妙。

星鰻巻（アナゴ巻）

星鰻尾巴細的部分特別好吃。

赤貝外套膜巻（赤貝ひも巻）

去除做握壽司的貝肉「玉」的部分，用剩下來的外套膜做成的海苔巻。

墨魚腳巻（ゲソ巻）

在墨魚腳抹上煮切醬包入海苔巻。墨魚腳的行話叫「ゲソ」，是「下足」（ゲソク）的省略形。

玉巻（ぎょく巻）

以厚燒玉子做成的海苔巻。關西風的做法，除了煎蛋以外，還會放入其他與煎蛋搭配的材料，像是燙過的鴨兒芹、蝦子田麩、香菇等等，名為「五色巻」。做玉巻的時候完全不放山葵，也叫「女童卷」，這是因為沒有山葵，適合婦孺食用的關係。

玉子卷（いり玉子卷）

將雞蛋打入大碗，調入高湯、鹽巴、醬油、調味料拌勻後，倒入鍋中開火。用五根調理筷不停地攪拌鍋底，使蛋液混合，待差不多凝固後，鍋子離火，將凝固的蛋過篩冷卻。因為是海苔卷，製作五條，約需雞蛋十顆、高湯五勺、鹽巴一小匙、砂糖一大匙、醬油一大匙半、調味料附匙五匙。海苔烤過放在竹簾上，將前述的炒蛋分成五等分，依一般海苔卷的要領捲起。在玉子燒鍋裡倒入極少量的芝麻油開火，待鍋子熱了，放入做好的海苔卷，迅速滾煎一圈，放到砧板上，切成五等分，盛盤上桌。雞蛋裡也可以加入蝦鬆、鴨兒芹、竹筍甘醋等等。也可依喜好加上山葵。

海膽卷（ウニ卷）

據說有一次，全世界的饕客齊聚一堂，嚴選出全世界最美味的食物，結果一致公認是日本的海膽。海膽放入口中時，黏液直接觸碰舌頭的觸感及口感，令它成為味覺至尊。再說，海膽號稱可強精滋補，已不單是美味而已，甚至夠格冠上「藥用壽司」的稱號。

海膽做成海苔卷時，加上山葵會更美味。不是做海苔卷，而是當成握壽司的材料，也非常好吃。海膽不好捏，因此也是考驗料理師本領的一道料理。不過也有人把海膽放在白飯上，周圍用裁成長條狀的海苔像堤防般圍起，使海膽不會溢流下來，但這樣就不叫捏，只是放上去而已，但似乎也不必太過吹毛吹疵。

豆皮卷（油揚げ巻）

豆皮泡水，切開上下兩邊及橫的一邊打開，淋上熱水去油。將高湯一八〇毫升（一合）、醬油六大匙及味醂三大匙放入鍋中煮沸。這是為五大片豆皮調味時所使用的調味比例。將豆皮放入高湯煮約十分鐘，小心取出，不要弄破，一片片攤開在砧板上重疊，放上板子輕壓，稍微擠除高湯。

另外準備紅蘿蔔一小根、干瓢少許、栗子五、六顆、麻籽一大匙、九至十二公分（三、四寸）的牛蒡一條，壽司飯三六〇毫升（二合）、青海苔粉少許。牛蒡清洗後切絲，泡鹽醋水去澀。紅蘿蔔切絲。干瓢以鹽巴搓揉後洗淨，汆燙之後，切成約一．五公分（五分）長，全部放入煮豆皮剩餘的高湯，再加上醬油一大匙和砂糖熬煮，加入少許調味料。

栗子去皮，剁成大豆大小，麻籽在研磨缽裡稍微磨過去除硬皮，與栗子一同拌炒。

蔬菜類略為擠掉煮汁，與栗子、麻籽和壽司飯混合拌勻，將豆皮一片片攤開在竹簾上，平均鋪上厚約一公分（三分）的壽司飯，從靠自己的一側往外捲實，切成適當大小盛盤，灑上青海苔粉。因為異於一般的稻荷壽司，郊遊踏青時準備這道料理，很受歡迎。

蕎麥麵壽司（そばずし）

這是「更科」與「藪」[19]流派的蕎麥麵店會做的壽司，以蕎麥麵取代米飯。蒸好蕎麥麵，灑上醋，裡面放入干瓢，用海苔捲起。

志摩卷（志摩巻ずし）（三重）

以芋莖取代干瓢，另外再加上雞蛋、紅蘿蔔、牛蒡、黃蘿蔔乾、魚板及綠色的食材捲起。高級的海苔卷會放入高野豆腐。所以沒有高野豆腐的，便是便宜貨了。

伊賀卷壽司（伊賀巻ずし）（三重）

這是三重縣伊賀地方的壽司，壽司飯裡加了干瓢、香菇、高野豆腐、炸乾物類、紅蘿蔔、鴨兒芹、波菜、雞蛋、田麩、魚鬆、竹輪、魚板等等。當地特產的香菇量很多，富有當地色彩。同樣是伊賀卷壽司，阿山郡地方的豆皮比較多。

三條海苔卷（三本のり卷）（靜岡）

靜岡縣榛原的金谷地方，只在婚禮的時候會準備這種壽司。先製作包田麩的小卷海苔卷，再用大的海苔或煎蛋包起來。因為是用來在婚禮上宴客，感覺應該要像伊賀地方的夫婦卷那樣成雙成對，然而這種壽司卻是三條一組，令人費解。

小黃瓜卷（きゅうり卷）（大阪）・河童卷（かっぱ卷）

東京叫河童卷，大阪叫小黃瓜卷。昭和四年（一九二九）五月，大阪北區曾根崎二丁目開了家叫「甚五郎」的壽司店，老闆大宅信次郎從明治時期發明的鐵火卷得到靈感，創製了包小黃瓜的壽司卷，現在那戶人家前面，還保留著刻有「元祖小黃瓜卷」的石柱。

譯注19：更科、藪、砂場為江戶三大老字號蕎麥麵店。

據說靜岡產的溫室小黃瓜特別適合做海苔卷。天然小黃瓜尺寸太大，皮硬而且水分過多，不適合做海苔卷。小黃瓜切成長條狀，不用處理，直接備用。如果灑鹽，小黃瓜會出水，因此不加以調味。捲的時候稍微抹一些山葵。據說關西地方島根縣三瓶山出產的山葵，最對小黃瓜的味。

食用的時候，可以接在味道濃、較油膩的壽司之後吃，備感清新。也適合做為威士忌的下酒菜。

岡山卷壽司（岡山巻ずし）

內餡為針魚、鴨兒芹及星鰻的海苔卷，就叫岡山卷。不過是中卷大小。據說針魚和星鰻必須要是兒島產的，才夠風味。以前不像江戶那樣可以買到好的海苔，因此用的是普通海苔，重點是品嚐裡面包的材料和壽司飯的滋味。

秋刀魚卯花壽司（サンマうの花ずし）（宮城）

豆腐渣叫「卯花」（卯の花）也叫「殼」（カラ）。將豆腐渣以砂糖和醋調味，加入煮過的紅蘿蔔丁和蔥花，秋刀魚仔細去骨，用魚肉包裹起來即成。此種壽司另名秋刀魚卷壽司。在宮城縣氣仙沼地方，經常可以品嚐到。

壽司丸子（すし団子）（大阪）

顧名思義，是將海苔卷串起來而成的一道料理，是大阪百貨公司推出的商品。形狀奇特有趣，卻有損壽司的風味。據說主要考量是與其用髒手抓著吃，這樣串起來食用更衛生。照這種論調來看，任何料理都可以應用這套做法。

稻荷壽司類

除了海苔卷之外，稻荷壽司也可以在家製作，因此普及開來。材料以豆皮為主，容易取得，也是普及的原因之一。以前說到寺院的壽司，就是稻荷壽司和五目壽司。在無法嚐到腥羶肉類的當時，豆皮是獲得脂肪的重要來源之一。

稻荷壽司（稻荷ずし）・篠田壽司（篠田鮨）

天保末年，江戶有將油炸豆腐切開一邊呈袋狀，填入拌有香菇、干瓢之米飯，製成壽司四處叫賣者。晝夜皆有販賣，但以夜間為主，燈籠上繪鳥居，號稻荷鮨，或篠田鮨。皆為與狐相關之名，野干（野狐）嗜食炸豆皮，故名之。此鮨價最賤（最便宜），尾（指尾張，現在的愛知縣）之名古屋等地，古來已有。江戶亦從天保前，店鋪販有此種壽司。兩國等專做鄉人生意之鮨店，或許亦早有此種壽司。

喜田川守貞在《守貞謾稿》中如此提道。由此可知，稻荷壽司是從西邊傳來的。

據說要捕狐狸，炸豆皮是最好的誘餌。稻荷神社的主神是稻荷大明神，其使者為狐狸，因此前往稻荷神社參拜時，習俗上都會獻上炸豆皮祭拜，因此有了稻荷壽司這樣的名稱。此外，篠田壽司這個名稱的典故，是過去大和國（奈良縣）有名獵人住在葛城山山腳，一天經過出水的篠田森林，見一隻母狐趴在背部中箭的小狐屍骸上悲鳴哭泣，於心不忍，便挖了個洞埋葬小狐。

獵人返家兩三天後，一名陌生女子尋上門來，開始為單身的獵人照顧身邊大小事，最後終於同居在一起，長達兩、三年之久。然而某天女人忽然消失無蹤，獵人四處打聽，亦毫無消息，這時他不經意地打開裁縫盒，發現女人留下了一首歌：「倘或君心顧妾深，當訪和泉信太森，葛葉翻飛露潔白，是妾斷腸不捨情。」[20]便立刻趕往信太森林一看，發現有隻母狐在此咬舌自盡。

這是大和地方自古流傳的傳說，在享保十九年（一七三四），由竹田出雲改寫為浄瑠璃作品《蘆屋道滿大內鑑》，牽合附會為陰陽師安倍晴明的生平。

狐妻葛葉生下了孩子，卻不得不拋下孩子返回信田之森（即篠田之森），令她肝腸寸斷，因此口中銜筆，在紙門上留下了「倘或君心顧妾深」一詩，這是戲劇中的一大高潮。後來歌舞伎也上演了這部戲，於元文二年（一七三七）江戶的中村座、寬保三年（一七四三）十二月京都的嵐松之丞座上演，佳評如潮。篠田（信田）壽司的名稱，便是由來於此。

竹田出雲的傀儡戲作品在竹本座上演時，製作了叫「やかん平」、「与勘平」的傀儡人偶，由於相貌有趣，現今甚至還留有叫「与勘平」的傀儡頭種類。此劇改編為歌舞伎戲碼後，在文久元年

譯注20：此歌一般記載為「恋しくば尋ね来て見よ和泉なる信太の森のうらみ葛の葉」，「出水」為「和泉」，「篠田」為「信太」，作者使用的地名表記與一般不同，故改成常見寫法。

（一八六一）九月，更改編為長歌及竹本[21]合作的舞蹈《吾住森野邊亂菊》。

此外，又另改編為戲劇《恨葛葉》（うらみ葛の葉），其中「保名狂亂」一段，現今也成為獨立的舞蹈。全名是「安倍保名狂亂之段」（安倍保名の物狂いの段）。文政元年（一八一八）三月，在江戶都座上演的《深山櫻及兼樹振》中，第三代尾上菊五郎所表演的七變化舞蹈（一人飾演七角）之一，清元調的「小袖狂亂」，便是此舞的獨立舞蹈。

稻荷壽司的製作方法，傳統是用干瓢束在中間，但近來多半省略。

豆皮切成兩半，泡水之後剝開，使其成袋狀，浸泡熱水去油。壓去水分後，先用醬油、酒、砂糖煮沸柴魚塊，過濾之後加入調味料，以這些汁液熬煮豆皮。

干瓢以鹽巴搓揉後沖洗，放入鍋中，過程中添加水分，煮至柔軟，最後以前面煮豆皮的醬汁熬煮。

飯裡的材料，三十五片（七十顆）的話，蓮藕一根削皮，縱切兩半，片成極薄，泡在鹽醋水裡約二十分鐘去澀，汆燙之後，在醋六、砂糖二、鹽一、調味料少許的比例混合而成的調味汁裡浸泡十五、六分鐘。

麻籽炒香，蓮藕瀝掉醋，一同拌入飯中。近來一般的做法是省去這些材料。

接著將米飯塞入豆皮袋中，整理好形狀，以干瓢繞上兩圈綁起便告完成。

材料為蓮藕一小條，麻籽〇．〇五四公升（三勺），砂糖五大匙、鹽少許、醬油〇．〇九公升（五勺）、柴魚塊三・七五公克（一匁）、調味料半茶匙、干瓢三七・五公克（十匁）、豆皮小塊三十五片、壽司飯一升。

狐壽司（狐ずし）（大阪）

在大阪，稻荷壽司稱為「狐壽司」。因為稻荷與狐有關，不論名稱為何，總之都是稻荷壽司。大阪的做法是製成三角形。飯裡一定會放麻籽，是與其他地方不同之處。狐壽司據說名古屋歷史最為悠久。東海地方的五目壽司使用許多豆皮，據說也是源自於這種狐壽司。東國的狐壽司（稻荷壽司）則是將豆皮切成四方形。

狸壽司（たぬきずし）（大阪）

狸壽司是大阪販賣的稻荷壽司，將豆皮保持四方形，切出開口，填入米飯。傳統的稻荷壽司是三角形的，將△形的開口朝下直立並排，豆皮也很小。狸壽司由於不像東京的稻荷壽司有收口，所以

編按21：「竹本」指的是歌舞伎中的伴奏者，隨著場面或人物的心境轉折，搭配三味線所做的旁白。

看似裝得很多，但因為是三角形的，其實裝不了多少飯。「狸」似乎是為了與「狐」打擂台而取的命名。而且因為是四方形，分量等於是兩個三角形，在量的方面，是狸壽司勝出。

九尾壽司（九尾ずし）（栃木）

這是東北本線的黑磯站最近推出的壽司，靈感得自那須溫泉的殺生石傳說。

傳說中，古時有種妖怪叫九尾狐，在唐（中國）、天竺（印度）及日本四處作亂。這隻尾巴分為九股的妖狐來到日本時，被陰陽師安倍泰成識破身分，放狗追捕，妖狐逃至那須野原，終於被射死，但死後仍化為岩石，散發毒氣，這回不是危害人類，而是毒害起鳥獸百蟲來了。這是那須溫泉的傳說，現今仍有叫「殺生石」的石頭留存。這殺生石是在爆破那須岳時落下的岩石，石頭所在的地方有毒氣噴發，芭蕉[22]曾在《奧之細道》描述：「石之瘴毒迄今盤桓不散，蜂蝶橫屍累累，幾至湮沒砂地。」廣為人知。也就是將九尾狐的傳說，附會在飛越其上的蟲鳥中毒而死的現象之上。

川柳家前田雀郎曾寫過一句川柳「九尾壽司，其鮮美縱橫三國」，這種車站壽司仿傚九尾狐的九尾，放了九個壽司。其中四個是稻荷壽司，象徵日本，然後有火腿和起司的洋食壽司，似乎是象徵天竺。另外，燒肉握壽司以及米飯中混有香菇、昆布、竹筍的稻荷壽司，是象徵唐土。藉由食用這些壽司，來馳騁唐土、天竺和日本三地。中間有混合了海苔和蛋絲、豆子、紅薑等等的散壽司飯，我不解其意，詢問之下，才知道是在象徵那須野原。西洋壽司和稻荷壽司混搭的巧思十分有趣。容器的半片橢圓狀，是所謂的滿月形狀，也許是影射那須荒原上的月亮。大人不必說，也充滿了兒童喜歡的趣味，是它的優勢所在。

稻荷壽司罐頭（稲荷ずしの缶詰）（東京）

昭和二十九年（一九五四）五月，神田淡路町的志乃多壽司（志のだ鮨）為了讓居住外國的人也能嚐到日本的稻荷壽司，將其製成罐頭販賣。不過說是「壽司罐頭」，其實也只有稻荷壽司的豆皮，將其熬煮入味後封裝於罐頭，買的人只要將準備好的壽司飯填入其中，便可輕鬆做出稻荷壽司。雖是只有稻荷壽司豆皮的罐頭，不過由此可見得創意發想的重要性。

譯注22：松尾芭蕉（一六四四～一六九四），江戶前朝的俳人。透過多次的遊歷，將俳諧提升到藝術的境界。

奇特的壽司

活壽司（生きずし）

將活魚放在海水魚缸裡，任其悠游。不過魚缸放不下鮪魚和鯖魚等大魚，頂多只能放些蝦子、星鰻、鮑魚之類。這種海水魚缸寬約三十公分、長約六十公分。如果是車蝦，據說可放入七十尾之多。客人看魚缸，然後指定「我要這隻蝦子」，師傅便撈出蝦子，剝殼去頭，捏製成壽司上桌。蝦身還會陣陣顫動，被認為是最新鮮、嶄新的壽司料，很受歡迎。

這魚缸據說要價三萬五千圓之譜，買不起的店家，宣稱使用以米糠和木屑包裹送來的活蝦一樣是活的，也標榜是「活壽司」。最大的賣點，就是直接撈取還在悠游的鮮魚做成壽司。

竹葉卷壽司（笹巻ずし）・拔毛壽司（毛抜ずし）

據說元祿十五年（一七〇二），有人想到戰國時代打仗的時候都用竹葉包裹米飯做為兵糧隨身攜帶，進而想到可以用竹葉包裹壽司來販賣。這在當時的大名和旗本[23]之間也大受好評，傳說松平侯（但不清楚是松平家的哪一支）看見師傅製作時以拔毛夾仔細地去除小魚刺，說道：「這是拔毛壽司。」從此拔毛壽司便成了竹葉卷壽司的別名。

宮殿裡任職的女侍休假返家時，也會購買竹葉卷拔毛壽司做為禮品，因此也在德川將軍家流行起來。

洋食壽司（洋食ずし）

料理研究家朋友三宅巨郎在料理報上寫了一篇評論洋食壽司的文章，做為專家意見，頗有值得聆聽之處。

洋食壽司係指以火腿、培根、醃牛肉等捏製而成的壽司，雖然不清楚這類壽司店將多少宣傳重點放在年輕人身上，但這類店家愈做愈興旺，應該不是什麼壞事，只是我們的舌頭仍不太習慣這類洋食壽司。前些日子我參加壽司展，稍微詢問了一下料理師（捏製壽司的師傅）的意見，他們表示製作洋食壽司感覺不像在捏壽司，肉脂彷彿殘留在手上洗不掉，頗不舒服。此話應當不假。那麼也只能鑽研該如何去除這類不適感，或是壓抑這樣的不適，令神經麻痺，直到對這樣的感覺習以為常。這就像是

譯注23：旗本是江戶時代的武士階級，為將軍家直屬家臣，俸祿未滿一萬石，是可參加將軍出席典禮「御目見」的身分。

牛肉剛傳進日本時，無人願意烹調，但演變至今，已有獨立專門的牛肉料理師。

新事物總是會招致批評，但洋食壽司還算是支持者眾，因此只要以批判為良藥，潛心鑽研，以支持者為良友，持續努力，終有一日必能登峰造極，但路途險阻重重。比起前些日子的壽司展上某店推出的「帶血合肉的東京製鯖魚壽司」這種仿製品，不容否認，西洋壽司以其獨創與大膽向世人自我推銷的氣魄，打動人心。

工藝壽司（細工ずし）

工藝壽司是利用壽司排成各種圖形。比方說三月女兒節，就陳設為宮廷人偶的景象，概念類似以壽司來製作立體圖。也可陳設為盆栽的模樣，或以白身魚肉做為富士山、星鰻做為松樹，海苔卷是枝葉、赤貝是土堤、窩斑鰶是淺灘。鮪魚做成農舍，欣賞之後用菜刀切開，便可變成一顆顆握壽司，算是巧思中更進一步的巧思。工藝壽司主要的目的在於欣賞，因此味道便屬其次了。

里肌肉壽司（ひれずし）

這是高崎市推出的壽司，取代鮪魚，以牛肉、豬肉、鳥肉的新鮮里肌肉部位製作壽司，據說還取得了專利。雖然我不知道壽司還有專利這回事。

據說只要將肉類經二十小時左右的特殊殺菌，即使不冷藏，也可以保存二十小時。就算米飯壞了，肉也不會腐壞，滋味也完全不變。個中訣竅，似乎是以昆布、柚子、山葵等調味料為肉類稍加調味。因為看起來很像鮪魚，似乎有不少人當成鮪魚肉享用，殊不知實際上吃的是獸肉。

鐵火丼（鉄火丼）

這是五目散壽司的變形版。將壽司飯盛入大碗，灑上海苔絲，上鋪鮪魚，再放上一小團山葵端上桌。醬油一種是從上面澆淋，一種是另外以小碟盛裝，供客人蘸鮪魚。把它當成拆開來的鐵火卷，便可以明白此名的意義了。可以視為是把鮪魚壽司的舍利單獨集中成一大碗，只有魚料切成壽司大小，鋪排其上。

粽壽司（ちまきずし）

這是快速版的熟壽司，用竹葉或菰葉包裹後，再以藺草纏繞數圈，綁得像粽子一樣。東京赤坂壽司店「有職」的粽壽司相當有名。

壽司笑話

不服輸

梶原平藏[1]手提矢紋燈籠，「老師傅呀，吾家有維盛[2]隱藏的一事急稟報。確實抓住有利的繩子渡過去即可，任何異議都踩平過去。」梶原盡所能地斥喝道。壽司店主驚訝不已，梶原繼續思忖：「若維盛藏匿之處是大和今井的釣瓶壽司屋，此處即大阪千倉壽司屋。」不能說梶原完全沒有錯，「現在啟程去大和，以同為商人為由，讓冒充者無藏身之處。」他不服輸地亂說一通，接著瞪眼環顧四周後離去，壽司店主隨後送行，「這出奇的笨才呀，把大和跟大阪搞混是啥鬼東西。」這麼咕噥罵了一句後，梶原用佯作不知的神情打了個噴嚏：「啊啊、壽～瞎沒。」

這則笑話的結尾，是套用「哭啥咩」（クッサメ）的雙關「壽～瞎沒」（すっしやめ）俏皮話。在關東，說別人壞話時，被談論的人會打噴嚏。這打噴嚏的「哈啾」聲，在關西就叫做「クッサメ」（哭啥咩）。另外，就像插圖所示，這是一家面對馬路的壽司屋台，在「千倉壽司」（ちくらずし）的方型紙罩燈底下，擺了砧板、押壽司的容器和菜刀，是不可錯過的關西壽司店繪畫史料之一。這則笑話的作品出處不詳。

壽司屋

奉公僕口入，行往「壽司屋」的地方，見到國侍眾配戴木柄的大小武士刀，身著條紋褲裙，言道：「有話向店主當面談。」

「是，請問有何貴事？」

「過分之事非也，十七、八歲女子，容貌可人，三味線琴藝佳，可否上座來？」

「當可依您所詢安排，敢問貴府何處？」

「不，主人的大名、吾家名字可說不得。您貴姓大名啊？」

「是，在下惶恐不敬，只要說是壽司屋，方圓內大抵就會知道是貧家了。」

「你這壽司屋說也奇怪，難道隨隨便便賣壽司嗎？」
「不敢，絕對沒有這回事。」
「嗯，明白了，此處擠滿了眾多奉公僕，看來醃漬壽司，你可稱得上是自慢的壽司屋吧。」
「言過了，托奉公僕的福沾點飯吃而已。」

（「富久喜多留」文化十一年。一八一四年）

【注】

❖ 口入：工作介紹所。也稱「口入屋」。
❖ 國侍眾：主人朝覲時同行來到江戶的武士，也稱「田鄉侍」。
❖ 木柄的大小：手柄低俗廉價的大小武士刀。
❖ 栈留：衣類的一種。條紋織物。表面觸感滑且有光澤。
❖ 奉公僕[3]是黏著米飯的：職務盡責也是黏著米飯的意思。反觀壽司，則是魚貝的肉身黏著米飯。

編按1：歌舞伎演出節目《梶原平蔵誉石切》中的主角。
編按2：請參考一九三頁之《義經千本櫻》戲曲。
編按3：奉公人元指侍奉君主的隨從，在江戶時代則指一種雇用關係，故譯為「僕」。

壽司

橋上的披蓆者，大多睡著。「看看那個，是押壽司呢，」說道，披蓆者忿忿不平，「喂，汝等，別壽司壽司的亂喊，不要臉的東西。」說完，夥伴回應道：「唉，肚子要是不用吃飯就好囉。」

（「今歲咄」二編。安永二年。一七七三年）

【注】

❖ 披蓆者：乞丐的另一名稱，將乞丐比喻成壽司上的魚料。

❖ 是壽司啊：此指押壽司。

❖ 不要臉的東西：無道義的敲詐。無恥下流的傢伙。

❖ 肚子填飯：沒有米飯，不成壽司。乞丐因為空著肚子，而把填滿米飯的壽司比喻為飽腹，嘲笑著。

騙子

向女主人口頭傳信道：「小的受主人之令前來。此時因有急事，主人吩咐將小櫃子第二個小抽屜內的兩分金，交付給小的。」町家的賢妻信以為真，毫不放在心上，「有勞你了。」說完遞過兩分金。騙子根本不需多費力氣就拿到錢，心裡樂極了，戲曲千本櫻中壽司屋橋段裡的住太夫[4]一出場，馬上從格欄間聽見町家的賢妻叫喊：「呦，開講囉。」

（「落咄初笑話」天明八年。一七八八年）

【注】

❖ 欺騙：欺瞞、欺騙他人，這裡把「淨琉璃」戲曲的說唱（語り，音為katari）跟行騙之人（騙り，音為katari）寫成了雙關語的笑話。

編按4：此指竹本住太夫，為人偶戲曲淨琉璃中，擔當說唱者的國寶級人物。

鯽魚壽司的招牌

明治時期（一八六八～一九一二）有家代銷近江特產的商店，京都的杉浦丘園先生收藏了它的招牌。這塊招牌長一五四．五公分（五尺一寸）、寬三十六．四公分（一尺二寸）、厚三公分（一寸），中央隆起，兩面刻字。從前鯽魚壽司做為下酒菜，十分熱銷。現在大津站亦有小販叫賣：「快來買喔！近江名產鯽魚壽司！」

天皇與壽司

《週刊朝日》的專欄〈閒談〉裡，有這樣一則文章：

上月五月二十二日，三田的三井俱樂部舉辦了舊皇族每年一度的菊榮會懇親會。當時安排了鴨肉壽喜燒、成吉思汗日式烤肉、關東煮、壽司等料理攤，由八名資深壽司師傅大展精湛廚藝。天皇、皇太子、高松宮妃來到壽司付台前，陛下首先稀罕地端詳師傅斟入大茶杯的粉茶，然後點了鮪魚壽司。接著陸續品嚐比目魚壽司、星鰻壽司、玉子壽司，最後指著蝦蛄要師傅料理。師傅立刻將最大的蝦蛄捏製成壽司端給陛下，陛下似感奇妙地看了那壽司半晌，一旁的高松宮妃殿下說明：「這叫蝦蛄，嚐起來像蝦子。」陛下聞言微笑，一口吃掉了蝦蛄壽司。

據說這天的立食中，陛下品嚐了十二個握壽司。前年的皇太子歸國歡迎會上，陛下吃了七個，因此等於是刷新了陛下自己的壽司紀錄。這天進獻壽司的是日本橋的「繁乃鮨」（繁の鮨）。看來皇太子殿下也喜愛壽司，據說特別點了「鮪魚中腹」享用。

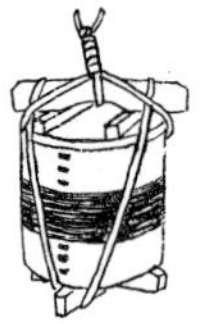

勸進能[1]販賣的壽司

弘化五年（一八四八）春季，寶生流的宗家在筋違御門內（現在的千代田區神田萬世橋，舊鐵道博物館所在地）舉辦了勸進能。這是基於寶生家財務所需而進行的募款表演，名義為讓町人欣賞能劇，在幕府同意下，興建臨時劇場，從舞台到觀眾席，皆為全新打造。幕府也知道這場演出的目的在於募款，遂中止其他戲劇的上演，以協助這場勸進能成功，當天除了町人外，武士等亦前來觀賞。當時也有現在所說的攤販，除了便當熟食，也販賣壽司。就像現在劇院裡的飲食比外面昂貴，這裡賣的壽司也要價不菲。

應該是營收中有幾成要交給寶生宗家抽頭，或一開始就繳交了權利金，羊毛出在羊身上，最後都是客人埋單。

木桶裝的壽司三百文，竹皮包的二百文，由神田鍛冶町二丁目德兵衛壽司店的藤兵衛販賣。從留傳下來的插圖可以看到，木桶裝有兩個蝦壽司、兩個窩斑鯽壽司、兩個玉子壽司、兩個粗卷海苔卷。海苔卷後面似乎還有什麼，似乎是一份十個。

壽司附的不是薑片，而是四、五根嫩薑（帶莖的）。換算下來，一顆壽司要價三十文。在江戶時代，一般都說一顆壽司的價錢等同於一碗蕎麥麵，但當時的蕎麥麵當然不可能一碗三十文，再貴頂多也只要二十文錢。竹皮包的扣掉木桶的費用，訂價二百文，如果也是十顆，就是一顆二十文，但竹皮感覺包不了十顆壽司。總之，價格似乎貴得令人咋舌。

當時賣的酒，價錢是三合（約五四〇毫升）一文錢。至於水果，「九年母」柑橘有兩種，二十四文和十六文的，「枯露柿」柿餅十六文、梨子十二文，都很昂貴。不過最貴的是裝草鞋的紙袋。當時是江戶時代，用的是日本和紙，不過一只紙袋竟索價十二文錢。

譯注1：勸進能是寺院神社等為了修繕等目的而舉行的募款能劇表演活動。

路邊攤

一三六頁的路邊攤——屋台，到了更以後的時代，構造逐漸轉變為此圖，一直延續到大正末期。此圖畫的是販賣稻荷壽司的攤子，不過一般的握壽司，也在此種形式的屋台販賣。根據老闆的喜好，有些正面左右的紙門共有四片，其中兩片可在中央合攏。紙門後來變成玻璃門，明治時代，也有採納當時流行的舶來彩色玻璃的屋台。當然，這是明治初期的遺緒。

屋台的左右兩側，取下有招牌店號的紙門板，「い」的部分有一道橫木，移動的時候，便將木棒架在這裡扛著搬運。這種方式後來式微，改成用車子拖拉。

「ろ」的位置以上，關西多半是空著的，只有「ろ」以下的攤位，就像一四一頁的下圖。不過據說有屋頂的也不少。正面上方的紙門板招牌「は」，即使在江戶時代也頗為罕見，大多數似乎都沒有。

屋台下方依照各人喜好，選擇木紋特殊有趣的木板來製作。插圖賣的是稻荷壽司，陳列的是已經做好的壽司，如果是握壽司攤，就是等客人點了才製作。前方的台子會擺上一大碗滿滿的醬油，客人將捏好的壽司放入裡面蘸取醬油食用。當時不像現在這樣，會吃到一半又放進去蘸，而且也不像現今手藝不精的師傅捏的壽司，一蘸到醬油就支離破碎，因此米粒不會掉進飯碗裡。不過上層仍免不了浮一層油脂，必須時時以布巾濾除。

壽司屋台的師傅有些站在屋台後面，有些坐在高一階的台子上。據說站著捏比較好，這也才是正統的做法。右邊放有茶罐，用後頭煮沸的水壺注入熱水，由老闆娘或小夥計繞到屋台前，將茶杯端到客人面前。後來保留客人站立的空間，前面開始掛上短簾。

即使是有店面的壽司店，也會在屋前設置這樣的屋台。屋子裡只提供木桶盛裝的壽司，立食只能在外面的屋台，是這樣的區分。關東大地震之後，屋台變少了，這類立食也漸漸轉移到屋內。

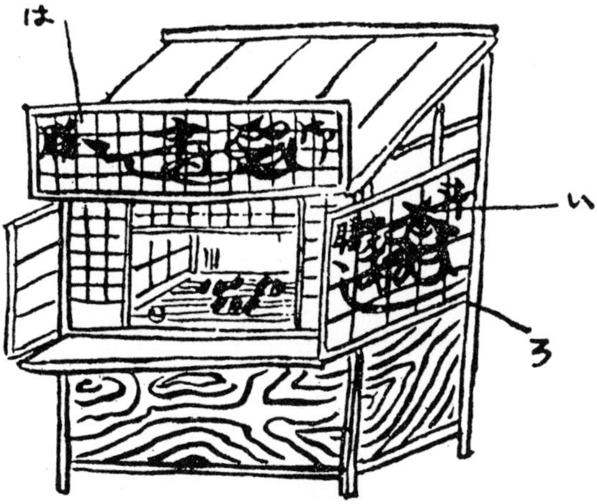

關於鮪魚

品嚐鮪魚壽司時，大部分的人都會點自己喜愛的部位，如「鮪魚」（まぐろ）、「腹肉」（とろ）、「中腹」（中とろ），不過這些名稱指的是哪些部位的肉，卻是懵懵懂懂。若想擺出行家派頭，可以看看以下圖解，長長知識。

「圖一」是鮪魚的全身平面，背部是黑色，腹部是淡藍色。1是嘴巴，有細小的牙齒。2是鼻子，3是頭，4是背鰭，十二或十三節相連。5和8的魚鰭如果又尖又長，並且是黃色的，就是黃鰭鮪的品種。6是臀鰭，7是尾鰭，8也是臀鰭。9是肛門，10是內耳，鮪魚是藉著側腹部來聽音的。11是胸鰭，12是腹鰭，13是鰓蓋，大鮪魚裡面有鰓，小的只有外面一層。14是眼睛，眼睛特別大的，是叫大目鮪的種類。

整尾處理的時候，從13的腮蓋和11的胸鰭之間、尾巴8的臀鰭上方切分開來。背肉稱為「背一丁」，然後腹肉分成左右，稱為「腹一丁」。魚腹可分成兩大塊。

「圖二」是腹部正面圖，從12的腹鰭往7的尾鰭一直線剖開，在船上或海邊取出內臟並去鰓，然後填入冰塊，送往目的地。若是在船上，即使是一樣的鮪魚，堆在上面和下面，受損程度和新鮮度也不同，使價錢出現差異。便宜的壽司用的雖然一樣是鮪魚肉，卻是壓在底下的魚貨，因此可以拿到便宜的進貨價。

「圖三」是切下魚頭後，右邊是魚背，左邊是魚腹。「圖四」是魚腹底下的魚鰭至魚尾部位的剖面圖。「圖五」是切下來的「腹一丁」，魚尾叫「腹下」（ハラ下の部分），圖示底下的部分叫「魚腹」（ハラの部分）。這樣一塊魚肉會分成四等分，「い」的部分的剖面圖就像「圖六」，有較多的「大腹」（大とろ），赤身和中腹（中とろ）較少。赤身的比例依「ろ」、「は」、「に」的次序增加，到了「は」，魚腹油脂已經很少，赤身肉比例變多。壽司店會依喜好購買這四等分的其中一些。

處理成四等分的背一丁，靠近魚頭的部位叫「背上」（せのかみ），靠近魚尾的叫「背下」（せのしも）。「圖七」是「圖五」切下來相連的「ろ」、「は」，切口的剖面就像「圖八」，中腹只有靠近底下的一小部分，不像靠近魚頭的「い」、「ろ」可以取得許多「大腹」肉。

「圖九」的圓形剖面，左邊是魚背，右邊是魚腹。中央有骨頭，底下的神經從魚頭一路延伸到魚尾。以骨頭為中心，左右為「血合肉」，靠近中央魚骨的肉為「赤身」，靠近外皮的就是油脂多的「腹肉」（とろ）。

只要瞭解這些，就能成為鮪魚肉的賞味大師了。

（此章節資料由魚河岸大善先生提供）

一

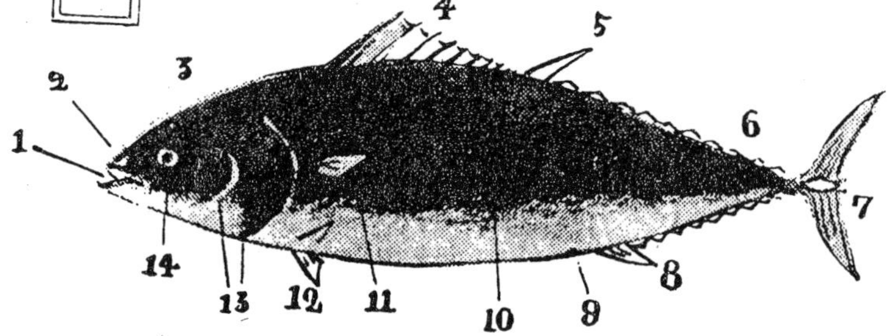

二

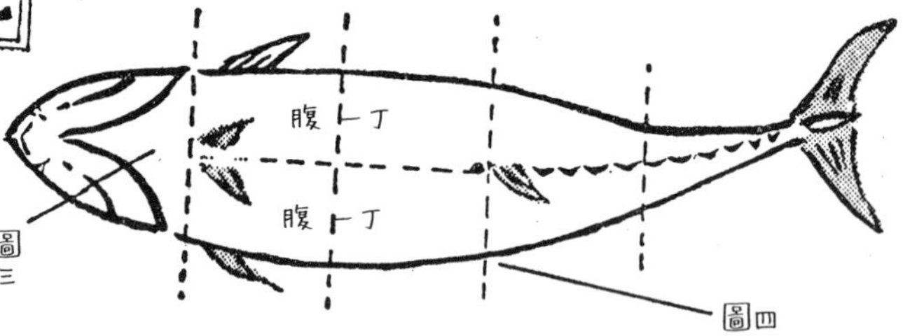

三

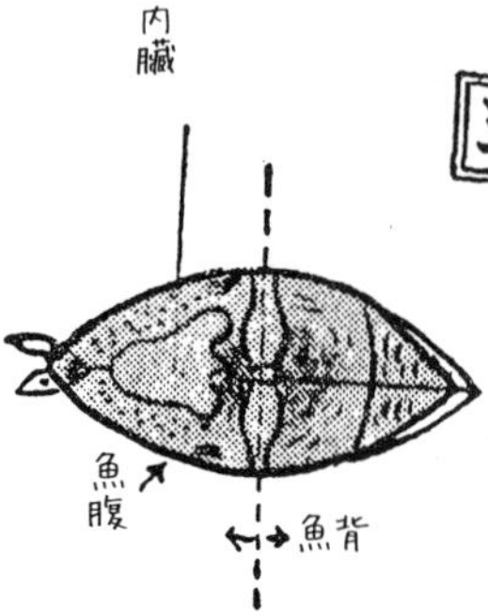

四等分下半部分的剖面

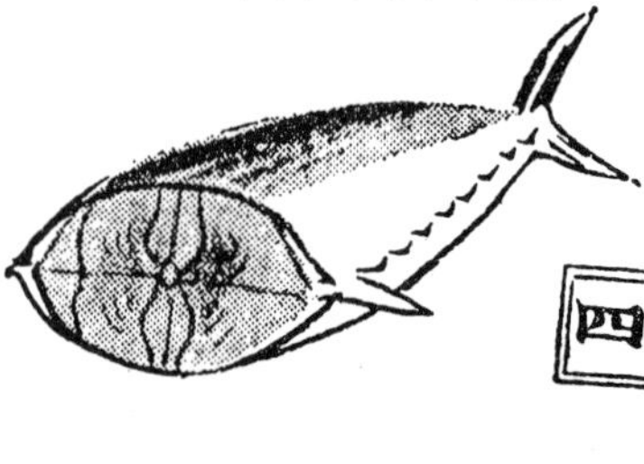

四

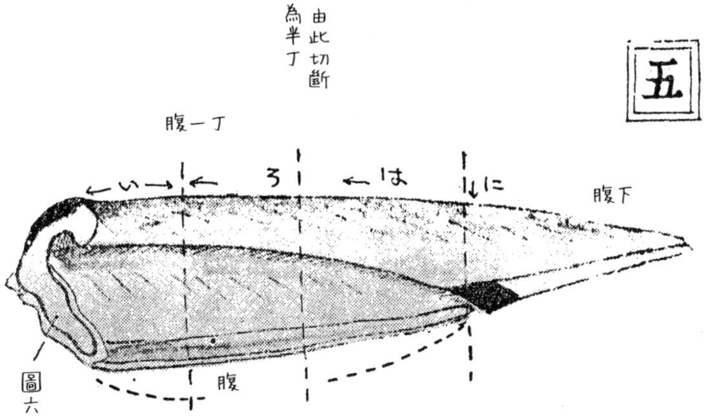
五
由此切斷
為半丁
腹一丁
← い →
← ろ
← は
↓に
腹下
腹
圖六

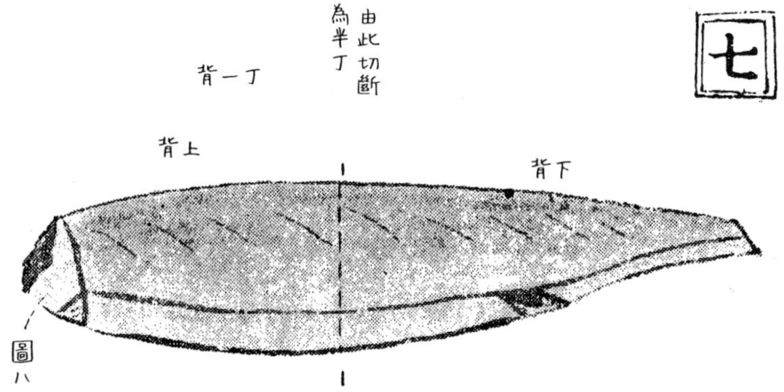
七
由此切斷
為半丁
背一丁
背上
背下
圖八

六

魚腹剖面圖

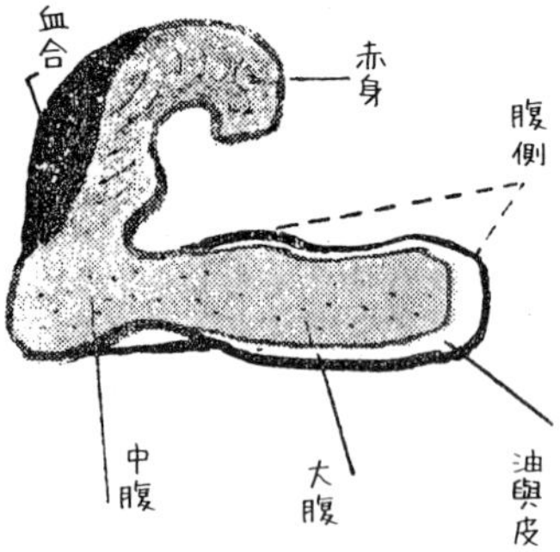

八

正中切半（半丁）的剖面圖

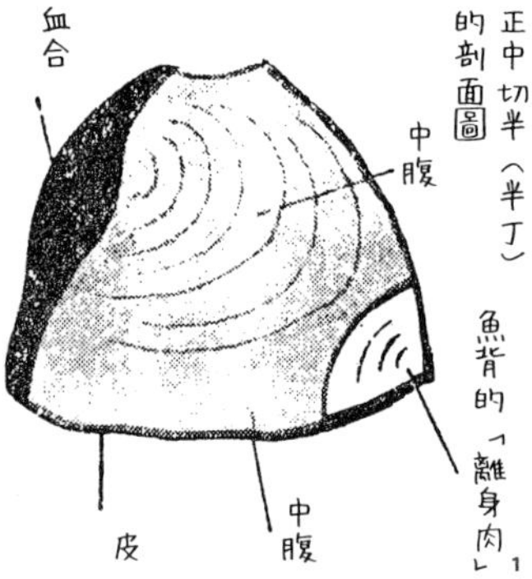

九

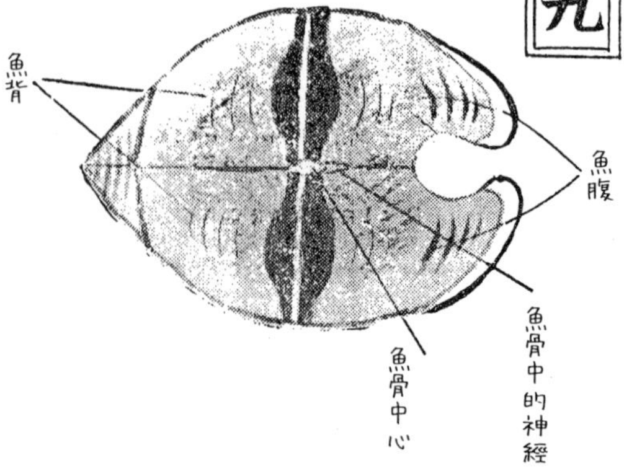

譯注1：魚背油脂較多的部位。

壽司的怪談

這張俏皮話方型紙罩燈的插圖，是臨摹自嘉永五年（一八五二）出版的《雨夜鐘四谷雜談》第二篇。這是柳下亭種員著、一雄齋國輝插圖的草雙紙包裝袋上的圖案，畫的並非真實情景，而是想像夏季祭典或廟會的夜晚，沿街放置的飾物而畫。內容與壽司相關，故在這裡介紹一下。

「蠅帳」（菜櫥仔）是夏季廚房必備道具之一，廚門用的是蚊帳（紗網），算是一種天然冰箱。從「蠅帳」和「蚊帳」，帶出緣語[1]賣鯽魚壽司的「小幡小平次」，這名人物出現在戲劇《彩入御伽艸》（四代鶴屋南北著，文化五年（一八〇八）初演），描述小平次遇害後變成幽靈作祟，由此再帶出與幽靈有關的「蚊帳」[2]。

譯注1：緣語是日本傳統文藝中的一種修辭技巧，利用可以聯想到其他相關事物的詞彙，來使作品更富有深度及趣味。
譯注2：在日本，蚊帳與幽靈有著密不可分的關係，許多傳統文藝作品皆有身在蚊帳裡，看見帳外的幽靈，或遇見幽靈而躲進蚊帳的情節。

与兵衛

據說兩國地方的与兵衛壽司初代始於寬政十一年（一七九九），因此是距今一百六十多年前的事了。与兵衛出生於江戶靈巖島，父親為藤兵衛，在一家字號為「華屋」的越前家[1]御用蔬果店工作。与兵衛九歲時，受雇於淺草茅町的札差[2]商人坂倉屋清兵衛，不過不失地工作了十年。這段期間，与兵衛愛上茶道，為了蒐購茶具，揹了一身債，因此辭去工作，領了薪酬，還清負債，結果竟連一文都不剩了。據說与兵衛在當雇工的期間，曾經使用時下流行的銀菸管，遭到老闆斥責，想來他在購買茶道具時，應該也都逾越身分，蒐羅昂貴精品。

當時的「藏前人」[3]氣焰囂張，附庸風雅，才會有這樣的情形。与兵衛接著開了家古董店，主要販賣一些隨身古玩，但後來沒有東西可賣，關門大吉。當時市面上的壽司都是押壽司，与兵衛想要推出可以迅速完成的壽司，租了本所橫網巷弄裡的小房子，一開始是先做好壽司，放在提盒裡四處叫賣，後來轉移到元町，入夜之後便到路邊擺攤。兩國一帶由於附近有一處叫松井町的風月場所，夜裡直到深夜都十分熱鬧，許多餓肚子的客人來買壽司，生意很好，与兵衛便以這筆錢為資本，買下隔壁的長屋，開起店面。這家店位在兩國東的巷弄裡。據說与兵衛子刻（現在的半夜十二點）就寢，凌晨四點（寅刻）起床，前往魚河岸採買魚貨，全心投入生意。若想買到好魚，就得這麼早上魚市才行。據說相當於現今的早上七、八點。

鯛魚比目魚　此等美味何處有？　与兵衛壽司
客如雲集來店裡　望眼欲穿盒中鮨
摩肩又擦踵　人人等得心焦急　与兵衛壽司
客人人手提一盒　与兵衛的握壽司

從這樣的狂歌，可以看出与兵衛的店面狹小，以及生意之鼎盛。

據說魚鬆壽司是与兵衛發明的。海賊橋的牧野家御留守居[4]上門吃壽司，要求「來點新奇的」，因此与兵衛煮了小蝦，磨碎之後捏成壽司，武士非常滿意，大加讚賞。當時沙蝦等蝦類乏人問津，價格

譯注1：越前松平家，將軍德川家的分支。
譯注2：札差是江戶時代替武士處理領取祿米、兌換現金等一切手續的業者。後來逐漸演變成對武士階級放高利貸的生意。
譯注3：「藏前人」，藏前是江戶時期幕府的米倉所在地，許多札差業者居住此地，一般稱為藏前人。
譯注4：御留守居是江戶幕府及各藩的一個職位。

也很便宜，注意到這樣的食材，足見得与兵衛的生意腦袋之靈光。另外，与兵衛的店用的是高級的山本茶，也投合了江戶雅人的脾胃。

天保十三年（一八四二）年幕府頒布禁奢令，逮捕名單中有「大橋安宅松壽司、兩國元町与兵衛壽司」，知名老字號的松壽司和与兵衛壽司遭到逮捕，反而勾起江戶人的好奇，成為推動握壽司流行的潛在關鍵。

名物
寿し
文政頃の鮓店図
安秀乃画摸

補記

本書根據昭和三十五年井上書房刊行之初版進行編排，其後經歷再版、增補改訂版、新裝版、增補別版等等，加上作者親筆的誤植修正及追加補充等備忘本，種類多達數種，遂於作者宮尾重男紀念會上，對照各版本，進行內文校訂，匯整為本書內容。編輯時除訂正誤植外，亦統一表記方式、收錄補充文字、更換較模糊的插圖。此外，亦針對所有的引用文獻，與原本進行對照，並由校訂者決定刪除數種無法確認出處之文獻。另外，亦補上封面之《百品噺　壽司媒人》（百品噺　鮓の仲人ばなし）的壽司小販圖。

本書曾由井上書房（初版、再版、增補改訂版）、自治日報社出版局（新裝版）、東京書房社（增補版）出版，共經歷七版，本次的講談社學術文庫版，是為定本《壽司物語》。

編輯・校訂者　宮尾與男

宮尾慈良

壽司物語：內行人才知道的壽司美味與文化 / 宮尾重男
著；王華懋譯. -- 初版. -- 臺北市：時報文化, 2018.08
面；　公分. -- (生活文化；56)
譯自：すし物語
ISBN 978-957-13-7487-1(平裝)

1.飲食風俗 2.日本

538.7831　　107011289

978-957-13-7487-1（平裝）
Printed in Taiwan

生活文化 0056

壽司物語

作　者—宮尾重男
譯　者—王華懋
審　訂—蘇楓雅（部分內容為蘇楓雅翻譯，書中編按均為蘇楓雅所撰）
主　編—林芳如、沈維君
企　劃—潘彥捷
封面暨內頁設計—黃淑雅
封面圖片提供—達志・Shutterstock
內頁排版—林淑慧

總 編 輯—曾文娟
發 行 人—趙政岷
出 版 者—時報文化出版企業股份有限公司
一〇八〇三 台北市和平西路三段二四〇號七樓
發行專線—（〇二）二三〇六六八四二
讀者服務專線—〇八〇〇二三一七〇五
（〇二）二三〇四七一〇三
讀者服務傳真—（〇二）二三〇四六八五八
郵撥—一九三四四七二四時報文化出版公司
信箱—台北郵政七九～九九信箱
時報悅讀網—http://www.readingtimes.com.tw
電子郵件信箱—ctliving@readingtimes.com.tw
時報出版臉書—https://www.facebook.com/readingtimes.fans
法律顧問—理律法律事務所 陳長文律師、李念祖律師
印　刷—盈昌印刷有限公司
初版一刷—二〇一八年八月二十四日
定　價—新台幣三三〇元

時報文化出版公司成立於一九七五年，
一九九九年股票上櫃公開發行，二〇〇八年脫離中時集團非屬旺中，
以「尊重智慧與創意的文化事業」為信念。